# 人生は喜びに満ちている

## 幸せをつかむ50のヒント

スピリチュアル・アドバイザー
潮田圭子
*Keiko Ushioda*

たま出版

# はじめに

現在、私は、チャネリングという手法を用いて日々多くの方々とお会いし、さまざまな人生のご相談を承っております。

チャネリングとは、私自身が情報を受け取るチャンネルとなって、ご相談者へメッセージをお伝えすることを指します。私は主に、宇宙とつながる高次の自己（ハイヤーセルフ）、ガイドと呼ばれる宇宙の高次の存在たち、ご相談者と生前親しい関係にあった故人からのメッセージをお伝えしています。

私は四十歳になってから、この仕事を始めました。それまでの十五年余りは、いくつかの会社で働いてきました。その過程で結婚し、二人の子どもの母親ともなりました。

下の子がまだ保育園へ通っていた頃、「どうして私は働くのか」という根源的な問いの答えを見つけられず悩んでいました。その悩みは日増しに重く深くなり、とうとう家から外へ一歩も出られない、うつ状態に陥ってしまいました。そのため仕事は辞めざるを得なくなり、その後は、カウンセリングに通って自分と両親との関係を見つめ、また、ヒプノセラピーを学んで自分の内面を探る作業に没頭しました。すると、自分の過去生を見るようになり、やがて夫や友人のそれも見ることができるようになっていきました。そして今日へと至っています。

その頃の苦しみは、もう二度と経験したくないと思うほど重いものだったのですが、それを経験したからこそ今の私があると感じています。その苦悩を経なければ、今の仕事は存在しなかったと実感しています。

現在、十代から七十代のさまざまなご職業の方々が私を訪れてくださいます。そして、人生にまつわる数多くのご質問を承っております。それは、この人生の意味、使命、役割といった大きなテーマから、結婚、離婚、天職、適職、病気の意味、育児といった日常生活で直面しやすい問題まで多岐にわたります。

私は、チャネリングを行なう時、自分の意識は失くしません。そのため、ご相談者へのメッセージを自分も一緒に聞くことが可能です。

チャネリングができるからといって、私は特別な存在ではありません。主婦で母親でもありますし、細々とした日常の生活の上に人生が成り立っています。また、以前よりは悩む回数は減ったとは思いますが、それでもまったく悩まない訳ではありません。チャネリングをしなければ、普通の中年の主婦です。

そんな私が、日々、さまざまなメッセージをお伝えしていて、「なるほど！　そうなんだ！」と感嘆したり、深い納得を得る言葉に遭遇する機会があります。それは、私にとって素晴らしい気づきとなるのですが、同時に私以外の多くの方々にもあてはまる普遍的な学びであると、次第に確信するようになりました。

二年前からは、それをコラムの形で私どものホームページに発表を始め、一年前から週に一度の割合でメルマガとして配信しております。本書は、その中から五十編を抜粋いたしました。

私たちは、生きている以上、悩みは尽きないのかもしれません。悩みのない人生は、生きる手ごたえを得られません。

できることなら、幸せに安泰に生きていきたいと願わない人はいないと思います。しかし実際には、人生の途中、途中で、スランプに陥ったり、悲しいことが起きたり、病気になったりと、その願いはなかなか叶えられません。

それは行ないが悪いから天が罰を与えたのでしょうか？　いいえ、そうではありません。

誰もが、その人生をその人らしく歩むことを使命として生を受けました。その尊い使命への気づきを得るために、自ら進んで逆境に身を置いたり、挫折を味わったり、劣等感を持ったりしているのです。それらを悩みとして自分に認識させて、自分をよく見つめさせて、そこから大きな気づきや学びを受け取れるように、わざわざそれらを置石として人生に配置したのです。

人生で起きるうれしいこと、楽しいことはもちろんですが、このようにつらいこと、苦しいことも自分を成長させてくれる、ありがたい経験です。その意味から、人生に起きるさまざまな出来事は、すべて喜びであると表現できます。

# はじめに

人生は、喜びに満ちています。

今、悩んでいる方へ。悩みやすい方へ。

どうぞ、大いに悩んでください。悩むことを嫌がらないでください。悩めることを「ラッキー！」と感じてみてください。そして、「この悩みから私は何を学ぶのだろう」と自分に問いかけてください。

前向きに、多くの悩みを抱える方々へ何らかの気づきのヒントを本書から差し上げることができましたら、著者としてこんなにうれしいことはありません。

人生は喜びに満ちている――幸せをつかむ50のヒント

目次

●STEP5
## 新・主人公宣言

STEP1

# スピリチュアルな生き方

## 自己探求にこそ人生の答えがある

# 霊性の道

「スピリチュアルに生きる」とは、どういうことを言うのでしょうか？　山にこもって修行をしなければ、スピリチュアルな人間にはなれないのでしょうか？　幽体離脱を経験しなければ、霊性の目覚めを得られないのでしょうか？

答えは、ＮＯです。

「スピリチュアルに生きる」とは、今、この人生を自分自身の足でしっかりと歩んでいくことを指しています。

私たちは、人間として、肉体を持ってこの世に生まれてきました。それを否定することはできません。私たちは、肉体を持った霊的な生き物です。誰もが、自分の人生での課題に取り組むことを約束して、この世に舞い戻ってきたのです。

人生の課題に取り組んでいくこととは、すなわち、その人生を大切にし、体も心も両方使って生きていくこと、そのものを指しています。だから、日常生活の中に、その課題を解く鍵がたくさん用意されているのです。それに一つ一つ丁寧に取り組んでいくことが、スピリチュアルに生きる、霊性の道を歩んでいくことにつながるのです。

時には、苦しくて泣きたいこともあるでしょう。悩みが深くて、悶々とする時期も経験するでしょう。反対に、楽しくて、それこそ人生を謳歌していると感じる日もあるでしょう。それらのどの体験も、あなたの霊性を高めるために、自らが用意した舞台なのです。その舞台の真ん中に自分が立って、それらとしっかりと向き合うことが大切です。そして、その体験を通して、何を感じるか、どう考えるかを、自らが導き出すことこそスピリチュアルな生き方なのです。

グル（人生の師）を自分の外に求める時代はもう終わりました。自分のボスは、自分の中にいるのです。自分の体験、経験から得る感情や思考こそが最も信じられるものであり、その中にどっぷりと浸かることを許してもらえる時代に私たちは生きています。

山にこもって修行をしてもいいけれど、幽体離脱を経験してみてもよいけれど、そのこと自体がスピリチュアルなことではないのです。何千回修行をしても、何回肉体から魂を離脱させたとしても、その回数を数えるだけでは、真の霊性の目覚めとはなりません。また、自分以外のグルに修行を指示され、それに忠実に従ったとしても、ただそれだけでは、スピリチュアルな生き方は手に入りません。この肉体を使って、この心を存分に動かして、日々の生活を能動的に重ねてください。それこそが「生きる」ということであり、それを実践するあなたは、見事にスピリチュアルな人であり、あなたの歩く人生の道は、霊性の道と呼べるのです。

霊性の道を歩む人のまわりには、同じように、スピリチュアルな人々が集まってきます。彼らは、自身の生き方を認め、尊重しているので、他者のユニークな生き方も、そのまま尊重できます。その上で、互いの愛の交換に喜びを見出せ、分かち合えます。その輪が地球上で徐々に広まれば、私たちの次元は確実に上昇します。それを進化と呼ぶのです。

# 自愛＝慈愛

日々、多くの方々にお会いして感じることは、「まじめな人が多いなあ」ということです。チャネリングを受けにいらっしゃる方々は、やはり自分の人生をまじめに考えて、悩んでいる状況にあると感じます。

私が出会うまじめな方々は、「自分に厳しい人」ですね。自己反省がきつい人です。何かの出来事において、それが起こった後に反省をするという行為は、決して悪いことではありません。しかし、その程度があると思うのです。

まじめな人は、徹底的に反省をする傾向があるようです。反省しすぎて、そのうちに自己批判が出てきて、その自分の言葉のトゲに夜も眠れないほど打ちのめされる、そんな経験はないでしょうか？　自分自身のきつい言葉で自分が打ちのめされてしまったら、なかなか平常心に戻ることはできないですね。

自分を打ちのめしてしまうのが自分自身であるのなら、その自分をコントロールすることも、この自分ができるのではないでしょうか?　明日も生きていくであろう私たちは、明日への生のエネルギーを残しておく反省の仕方が必要だと思います。

あなたが、もし、このように厳しく反省するまじめな人であったなら、「こんなに深く反省できる私は、なんて自分のことをよく見ているんだろう。この洞察力は素晴らしい」と、ほめてみてはいかがでしょうか。実際に、その洞察力があるからこそ、その反省ができるのですから。

自分をほめると、体の緊張がほぐれてきます。すると、よく眠れるようになります。また、いつまでも反省ばかりしていると、頭からその反省事がぜんぜん抜けませんので、ますます苦しくなります。しかし、このように自分をほめると、その反省事をそれで終わらせることができる、気持ちの切り替えができるようになっていきます。

そして、この「自愛」は、他者に対する「慈愛」につながります。自分をほめて、認めるという「自愛」ができる人は、自信があります。等身大のありのままの自分をそのまま認めることができるのです。だから、他者のこともそのままを認め、その人の良いところを見つけ、ほめることができます。それが「慈愛」です。「自愛」は、「慈愛」につながっているのです。

今日から、「自愛」を始めてみませんか？　生きる希望、明日への勇気が湧いてきますよ。そして、他者とともにいることがうれしい、楽しいと心から思えるようになってくるでしょう。

「自愛」は、ジコチュー（自己中心）ではありません。なぜなら、「自愛」＝「慈愛」だからです。

# 自己探求にこそ人生の答えがある

私は、仕事を通して日々さまざまな方々とお目にかかります。そして、お一人、お一人のご質問に、私は媒体となってお答えするのですが、そのご質問のお答え以上の内容はお話しできません。つまり、私が個人的にその方に興味を持って、その方にお答えした内容以上のことを知ろうとしても、それはできないのです。

また、媒体である私は、個人的な考えでご相談者にあれこれとアドバイスをしたり、強く自分の考えを示したりすることもありません。なお、私は自分の意識を失わないコンシャス・チャネルというやり方でチャネリングをしますので、ご相談者に何を伝えたかは、ある程度記憶しています。

以上のことから、今、私が強く感じることは、私を通して伝えられるメッセージは、ご相談者の自己探求の程度に応じた内容になっているということです。自分の人生に真剣に向き合って、より深く自己探求をしたいと望む方への答えは、その内容が具体的で、文章は長くなります。そしてそれを聴かれる方は、納得のいく、腑に落ちる気づきを得られます。

私の人生は、やはり私の人生なのですね。あたりまえのことなのですが、そこには深い意味があります。この世に私という生を受け、この時代、この国で生きている。私のまわりには、私と関わる多くの人々がいる。その中で、私は日々泣いたり、笑ったりしながら生きている。

そんな私は世界中でたった一人、この私でしかないのだ。

そう考えると、自分が愛しいですね。人生は、この愛しい自分を探る旅なのではないでしょうか。だから、自分の人生を真正面でとらえ、その都度、自分で考え、行動することで、人生の目的や、生きがいや、天職や、適職など、自分自身を表現するあらゆるものを構築していけると思います。たとえ、その道のりが険しくても、つらいことがあっても、人生には何一つ無駄はありません。

私は、チャネリングを通して、さまざまな人生に触れさせていただいています。そこには、その人生の主人公であるご相談者が、その魂の成長過程に合わせた学びや気づきを得られるように、さまざまな工夫が施されているのです。それをご相談者とともに私も確認した時、感嘆の声を上げざるを得ません。

実に見事な人生のからくりを発見できるからです。それは、幸運と呼べるもの、不運と呼べるものに色分けできますが、たとえ不運とされる病気などを経験したとしても、それはその方にとって最も適した人生の経験といえます。その経験に、本来、幸運も不運もないのです。そして、人生に起こるさまざまな出来事は、すべて必然といえるのです。

時には、まわりの他人がうらやましくなる瞬間もあるでしょう。

「どうして、私だけが……」と、恨めしい気持ちになることもあるでしょう。それでも、自分の人生から目をそらしてはいけないのです。世界でたった一人のあなたの人生のコマを進められるのは、あなたしかいないのです。

真剣に自己探求をしている方のチャネリングは、私の気持ちをウキウキさせます。自然に私の集中度は増し、終始、明るいエネルギーが部屋の中に満ちています。

「自分自身のことに真剣に向き合ってくれてうれしいよ！」と、あなたの魂も喜びの声をあげているのでしょう。その喜びの声は、あなたに多くの気づきや学びを与えてくれるのです。

# 自己愛は地球を救う

不思議な話をします。

私が今の仕事をする少し前のある夜、寝ていた時に異星人が現れて、彼の宇宙船に私を乗せてくれました。彼は、宇宙船のことを「スターシップ」と言って、私をその中に誘い入れ、次の瞬間には、大きなガラス越しに、クリアなブルーに光輝く、それは見事な美しさの地球を見せてくれました。うっとりと地球をながめながら、私は不意に「まだ間に合うのかな?」と彼に質問をしていました。

この質問の意味は、環境問題が言われて久しい今、疲弊している地球を救えるのかということでした。

彼は、「まだ間に合うよ」と明るく、温かく返してきたのです。

そこで、私は目を覚ましました。

それは、単なる夢だったのかもしれません。しかし、あの時目にした、感動のあまり涙がこぼれそうになった神々しい地球の姿を今でも忘れることはできません。

あれから、自分でも本当に不思議なことなのですが、過去生を見たり、人様のさまざまなご質問を聞いているだけで、その根本原因やヒントが浮かんできてスラスラとお答えしたり、そこにいない人の気持ちを説明したりといった、えたいのしれない（!?）ことをするようになりました。

私は、チャネリングをしている最中は、とても気持ちが明るいのです。

ご質問の内容が、病気や借金などの暗いものであっても、私自身はそれを聞いていても動揺はしないし、平常心を保っていられます。そして、本当に明るくお答えしています。

お答えとしてよく話すのは、どんな失敗や、苦しみや、悩みであっても、それを体験できることが素晴らしいし、その時、どんな気持ちになったとしても自分を責めたりしないでください。出来事も気持ちも、すべて、ありのままを肯定しましょうというものです。

それは、自分という存在そのものをしっかりと認め、肯定をすることを怖がらないで、楽しんで、というメッセージが込められていると感じます。

自分を肯定すれば、立ち直れないほど自分を罰したりはしなくなります。自らを「〜をしてはならない」ときついルールでがんじがらめに縛らなくなります。

自己を信じず、否定ばかりして、自分の心をきつく縛っている状態で、果たして、夢や希望を持ち、それを実現するために努力をしようと前向きになれるでしょうか?

そういったポジティブな姿勢を持てない人間ばかりが地球に住み着いていたら、果たして地球は、今よりも光輝くことが可能でしょうか?

あの時、「まだ間に合うの?」と聞いた私に、「まだ間に合うよ」と温かく返してくれた異星の彼は、ただ、地球を守るために、ゴミを減らすことや、ゴミの分別に励むことや、リサイクルを徹底させることにだけ集中し、実行しろと言ったのではないと感じます。

それを実践するのは、私たち人間なのだから、私たち一人ひとりが自分自身を肯定し、自信や誇りを持ち、それぞれの人生の主人公となって、楽しく努力を重ねながら生きていってほしいというメッセージが込められていたのではないかと思います。

だから、その後チャネリングをしていくことになる私に、自らの使命を感じさせるために地球を見せてくれたのではないかとも解釈できます。そして、明るいチャネリングを日々、させていただいている今があるのです。

みんなが、人生の主人公は私自身であると宣言し、自分をうんと愛せば、その自己愛は、異なる他者も制限をつけずに愛せるようになるでしょう。「自愛」は、他者への「慈愛」を引き出します。

自己愛に満ちた誇り高い人間は、きっと「ゴミを減らさなくてはならない」とルールを押し付けられなくても、その前に自主的に、自然にスマートに、環境保全活動をこなしているでしょう。

すると、地球は救われているはずです。

地球は、私たち一人ひとりの自己愛で、救えるのです。

そうでしょ!?　プレアデスのダギ（彼の名前）！

## 何が現実か

「何が現実か」という問いは、「何が自分にとって事実なのか」という問いになります。「現実は厳しい」とよく言われますが、それを「そのとおり」と納得できるのなら、それがあなたの現実、事実です。そう聞いても、「いや、現実って結構自分にやさしいよ」と感じるなら、それがあなたの現実、事実、真実です。「夢は夢でしかありえない」と思うなら、それがあなたの現実、「夢は叶うもの」と信じるなら、それはあなたの真実です。私は、人それぞれの現実があっていいと思います。人それぞれの真実は存在すると考えます。

先日、リビングの窓から息子が夕方の空を眺めていたら、ＵＦＯが飛んでいたそうです。黒っぽい物体が直線的にスッと移動してサッと消えたそうです。私も彼のそばにいたのですが、目撃はしませんでした。しかし、彼がそう語るのを聞いて、私は「そう。宇宙人さんは何か私たちに伝えたかったのかな」と応えました。ＵＦＯを見たことは息子の現実で、真実です。私は目撃しなかったけれど、その自分の現実を彼に押し付ける気はさらさらありません。彼の、彼自身の現実を全面的に認めたいと、いつも思っています。

　すると、子どもは面白いです。息子は、これまでもなかなか不思議なことを言っていました。「学校にね、黒い人が二人いてね、でも、その人たち、体が透けてるんだけど、ウサギ小屋のところでぼくの頭をなでてくれたんだよ」とか、「公園のブランコに乗っていたら、ブランコの上のポールに男の子が座っていて、ぼくのことを見ていたんだ」とか、「みんな背中に白い大きな翼を持っているんだよ。怒ったり、誰かに汚い気持ちを持つとね、その羽が小さく黒くなってしまうんだ」などと言います。時々、私は背中の翼を彼にチェックしてもらっています。それらは全部、彼にしか見えないことで、見えない他の人たちからは、それは幻想と思われるかもしれません。しかし彼には、間違いなく現実であり、事実なのです。

　私たち大人は、知らず知らずのうちに、自分の目や感覚よりも、他人のそれを信用する傾向にあると感じます。そこで、「暗黙の了解」ができたのでしょう。「一般論」があるのでしょう。だからといって私は、ことごとくそれらのルールや、大方の意見に逆らいなさいと言うつもりはありません。数の上では、多くの人がそう考える傾向にあるということは、事実、あることでしょう。それは、それでいいのです。

しかし、もし自分の思考が少数派に入ったとしても、それが自分にとっての偽らざる現実であるのなら、堂々としていたらいいと思います。それを多数派へ同化させようとがんばると、あとあと苦しくなるのではないでしょうか。

最近は、「大衆」という言葉が使われなくなりました。以前は、「大衆消費社会」とか、「大衆食堂」、「大衆音楽」などの言葉がありましたが、今は見かけません。その後、「大衆から分衆へ」という言葉も聞きましたが、「分衆」という言葉も皆無ですね。大衆も分衆も、私たち全体をグルーピングした言葉です。それらの言葉が今、聞かれなくなったというのは、そんなグループ分けはナンセンスということでしょう。私たちは、みんな自分の価値観で生きていく時代になったといえるのでしょう。だからこそ、その人その人の現実が存在していいのだと思います。

自分が見ること、感じること、考えること、信じること、それが、自分にとっての現実であり、事実であり、真実です。それに沿って生きることが、スピリチュアルな生き方なのです。

一方、独特の自分の現実があるのなら、独特の他人の現実も存在します。人それぞれのユニークな現実が共存していく世の中の実現を目指したいと思います。私たちは、皆、霊的な存在です。

## 歯医者さんで瞑想

これまで、私の体の中で一番誇れるところは「歯」でした。虫歯は一本もなく、二十年ほど前、右下の親知らずが炎症を起こして抜いた時にしか歯医者さんへは行ったことがありませんでした。

それが、十月のある日、昼食時に、右上の奥歯が真っ二つに縦に割れてしまったのです。それまでなんとなくその歯に違和感はあったのですが、あまり気に留めてはいませんでした。割れた瞬間、脳天まで突き抜けるような鋭い痛みを感じましたが、午後、チャネリングの予約が入っていましたので、そのまま仕事をして、夕方、歯医者さんに駆け込みました。

その歯は、けっこう激しい割れ方だったようですが、なんとか土台を残して差し歯にできるということで、それから、だいたい週に一回の割合で歯医者さんに通っています。しかし、慣れない場所で、歯を削る音などを聞いて、毎回、怖い思いをしています。

先日も、先生に「歯茎の中までちょっと深く削っていきます。そのために、まず歯茎に麻酔をかけますね。削っている時に、ちょっと血が出るかもしれません」と説明を受け、私は、恐怖におののいてしまいました。「先生、私、血には弱いんですウ……」と、さとう珠緒サンっぽく言ってみましたが、やはり四十過ぎの女には無理があったみたいで、先生は、動じず「大丈夫ですよ」と一言私に声をかけて、さっさと仕事に向かっておられました。

そんな怖い場所で、私は、どうやってその恐怖を回避しているのかと聞かれれば、「瞑想」をして、その時を過ごしているとお答えできます。それは、歯を削る音や、お医者さんや看護師さん方の会話など、さまざまな音を耳は聞いてはいるのですが、そこに意識を向けていない状態をつくっているのです。その時は、ただ、聞こえる音を聞き流し、なんにも考えていません。そうすると、自然に呼吸が腹式になって、速度もゆっくりになってきて、ただただ口を開けている私がそこにいるだけとなっています。

しかし、その時は「歯茎の中まで削る」と言われ、さすがにかなり怖かったので、意識を自宅に移すことにしました。その日、期末テスト前で部活が休みの娘が家に帰っていましたので、彼女が何をしているのか見にいくことにしたのです。彼女は、リビングルームでカーペットの上にペタッと座って、テレビを見ながら、悠長に洗濯物をたたんでおりました。私は、お手伝いをしている娘を見て「よし、よし」と満足して、意識を元にもどしました。ちなみに帰宅したら、リビングにたたまれた洗濯物が置かれていて、娘は「久しぶりにアンパンマン見ちゃったよ。けっこう面白かった！」と言っておりました。

こんなふうに、意識を自在にコントロールすることは可能です。

それには、やはり訓練が必要ですね。瞑想の訓練は、はじめから何も考えないという訳にはいきませんから、まずは吐く息、吸う息に意識を集中してみます。その繰り返しの過程で雑念が出てきても、それに注目しないで、それをあれこれ考えないで、ただ、「雑念だなあ」と、ながめるだけにしていきます。

時には、その雑念に意識がとらわれてしまい、考え込んでしまうこともあるでしょうが、そういう時もあるさ、と、その日は、それで終わればよいのです。それを根気よく続けていけば、「何も考えない」という本来の瞑想を手に入れられます。

瞑想は、「すれば何かを得られる」といった即物的なものではありません。それは「執着」です。本来の瞑想は、何も考えないことによって自分を解放し、執着という不自由さを手放せるのです。それこそが、宇宙とつながる瞑想です。私は、歯の治療を利用して瞑想をし、「恐怖」という執着をはずしています。

現在、私は、瞑想を毎日行なってはいませんが、いわばチャネリングが一種の瞑想となっています。

チャネリングをしている時は、今回のように歯が痛くても、どこか具合が悪くても、一切それを感じることはありません。それだけ集中している瞬間となっているのです。

それに加えて、今は、歯の治療時間が格好の瞑想時間となっています。その意味では、ありがたい時間をいただいております！

そして、時には、息抜きで、意識を自由に飛ばしてみるのも楽しいですね。

例えば「火星に行ってみよう」と決めたら、あなたの意識に行ってもらいましょう。そこで、あなたが感じたこと、すべてが真実です。その感覚を楽しく信じることができたら、意識は喜んで、自由自在に、いろいろな冒険に出てくれますよ。

# 統合の人生

ご相談を受ける中には、ご自分の過去生を知りたいというリクエストもあります。私は一回のチャネリングで、だいたいその方の過去生を二つ、多くて三つは紹介しています。その方の今の人生にかかわりの深い過去の人生を私は感じるのですが、これまでの経験から、気づいたことがあります。それは、現代を生きる私たちは、過去にさまざまな人生を経験してきた人が多いのではないかということです。そして、多くの過去の人生から、今回の人生の指針になるエッセンスをいくつか抜いてきている、そんな感じがします。

私のことで恐縮ですが、私自身の今の人生に関係している過去の人生は、チベットでの修行僧、イギリス人の船乗りでしょうか。真理の探究だけに集中した修行僧は、今のこの仕事に深く関係していると感じます。お会いする一人ひとりの真理の探究に微力ながらお役に立とうとしている点や、チャネリングをしている時の集中度の高さは、この時の修行の賜物ではないかと思っています。また、私は結構フットワークが軽いのですが、過去生でイギリス人で船乗りだった私も冒険心の強い行動派だったようです。その性格が今の私を形成しているとも感じます。

このように今を生きる私たちは、いくつかの過去の人生から今の自分を形づくるために、いくつかの経験や性格や嗜好などを抜き出して自分に与えていると思います。そして、今を生きる私たちは、それをバランスよくミックスして生きる、いわば統合の人生を生きるといえるのではないでしょうか。

もう十分にいろいろな人生を経験済みなんですね。古い経験豊かな魂なんですね。だからこそ、複合的に生きるともいえると思います。複合して統合する人生を私たちは歩んでいるのかもしれません。

そのため、この私となってこの人生を生きると決めた時、あまり細々とした決まりごとは設定していないのではないかと感じます。その人生の中で結婚や人生を終える時期などについては、あらかじめ決めてきているようですが、そこに到達する方法は自由が認められている、その都度、自分で決められるようにしてきていると思います。その人生の目的、意味についても、それ自体はあらかじめ設定してきているのでしょうが、その達成の仕方については、この人生を歩みながら、その瞬間、瞬間の自分なりの考え方、とらえ方でいいということではないかと思います。

そうなると、私たちは自由ですね。自分の人生の目的に向けて自分なりの歩み方ができる、その時々でこの人生への宿題であるカルマに出合って、それを解きながら、また自分の足で自分の目指す方向へ歩いていける、素晴らしい人生を過ごしているといえるのではないでしょうか?

豊かな国に生まれた私たちは、思い切り自己を探求することができます。それをつらいことと受け取るか、楽しい、ワクワクすることと受け取るかも自由です。

私は、ワクワクすることと受け取って、この統合の人生を楽しみたいと思います。

## 病気の意味

相談にいらっしゃる方の中には、過去あるいは現在で、病気を経験した、経験しているという状況の方もいらっしゃいます。そして、それが質問として取り上げられると「この病気は何を意味しているのか」となります。誰も好んで病気になったりはしないので、なぜ自分はこの病気になったのか、その意味が知りたいというリクエストになるのです。

そこでメッセージをお伝えするのですが、これまでの経験でいえることは、病気には、その人にとって重要な意味が含まれている、それは過去生に鍵があるということです。

ご相談者が病気のことを語り始めると、私はその方が具体的な病名を告げる前に自分の肉体のある部分に圧迫を感じることが多いです。例えば喉が絞められるような感じを私が受けると、ご相談者の口から「実は、子どものころぜんそくだったのです」というようにです。そして次に、その方の過去生が映像となって浮かんできます。

私はいろいろな過去生を感じるのですが、この病気にまつわる過去生は、より鮮明で、お伝えしやすいと感じます。ぜんそくを患われた方は、過去の人生で火事に遭われて、逃げる途中で有害な煙をたくさん吸い込んだ情景や、生理痛で毎月大変な苦しみを抱えてしまう人は、過去の人生で子どもを堕したことがあり、そのことをとても後悔している心情をひしひしと感じたりするのです。

私自身、今の仕事のような、いわゆる霊感を用いる仕事をしていた過去生を思い出すと、それらは決まって自ら死を選んでいます。それらの死は、どうしようもなく深い虚無感に包まれていて、それは今生においても時々、まるで底なし沼の暗い水中で、浮かび上がろうとする気力もなく沼の深いところを漂っているような、どうしようもなく重い気分に陥る心のくせと重なっていました。

三十代の終わりに、私は「なぜ仕事をするのか」という問いに答えを見いだすことができず、身動きがとれなくなってしまいました。その悩みは日増しに重くなり、朝起きて身支度をするといった当たり前のことができなくなり、ついには、家から外へ一歩も出られなくなってしまいました。このうつ状態は、過去生での深い虚無感そのものだったと思います。

それからカウンセリングを受けたり、夫にも助けられたりして、徐々に普通の生活に戻ることができたのですが、この体験はどんな意味があったのか自分なりに考えてみると、その後、携わる仕事が私を待っているということに私自身が気づくこと、そして、その虚無感を乗り越えることで、人生をまっとうする心の強さを身につけることを教えてくれたのだと実感しています。

病気は文字通り「気を病む」ということです。その病気に心が関係しないことはあり得ません。必ず何らかの精神的なものがその病気に深く関わっています。それは、どうやら過去の人生で経験した出来事で感じた気持ちそのものである可能性が高いようです。この人生で、わざわざ過去生での心情をもう一度味わわせるということは、その人にとって、その病気とは今生への大きな気づきのヒントを与えてくれるものといえそうです。換言すれば、病気の経験は魂を進化させるビッグ・チャンスです。

ブラジル人の作家、パウロ・コエーリョ（『アルケミスト』『星の巡礼』『第五の山』などの著者）は、「その人がどうしてもその使命に気づかない時、その人を病気にさせて、その使命に気づかせようとする」と語っています。私もそう思います。

病気には深い意味が隠されています。その意味を解く鍵を握っているのは、誰でもない、病気を患っているその人本人なのです。だから、どんな名医に出会っても、その先生が一方的に病気を治すのではない、本人の意志で、本人のペースで治癒していく、そのために医療の力を借りるのだともいえるのです。

## 意識の覚醒は日本から

地球はアセンションを求められている、今、人類の意識の覚醒が急務だと聞いたことはありませんか？　地球温暖化に見られる環境破壊問題、世界の各地で起こる民族紛争等、今後の人類の行く末や地球そのものの存続を危ぶむ声は多くの人の耳に届いています。その危険を回避するには、人類の意識の改革、覚醒が求められているとも聞きます。

それでは、私たち人類の意識の覚醒はどうしたら進むのでしょうか？　それは、私は一人ひとりが自己の内面に集中することにその端緒があると思っています。

私は日々、さまざまな方々とお目にかかり、その方々の個人的な悩みや相談を受けています。その相談内容はどの人も皆、自分自身にこだわったものばかりです。つまり、自分の内面にこだわって私を訪ねられるのです。誰一人として、自分と関係しない他人のことを聞いたり、他人と自分を比較して、その優劣を教えてほしいなどの質問はされません。

ここに、過去から現在へ至る私たち日本人の意識の変化を感じます。

現在の日本は、先の大戦を経て、先輩方の多大な努力によって高度な経済成長が成し遂げられ、衣食住にはまったく不自由しない、長寿世界一の平和で豊かな国となりました。この成熟しきった国に生きる私たちは、安定した土台の上に暮らせる幸せがあり、個々人が自己の内面にじっくりと目を向けられる、人間として最高のぜいたくを味わえる国民となったのです。

しかし、この時代に、この国に私たちが生まれたのは偶然ではありません。私たち一人ひとりが選択した結果です。よって、その最高のぜいたくを享受することを目的に私たちは生まれてきたといえます。言い換えれば、私たちは、人間として最高の欲求である「自己実現」を果たす使命を担っているのです。だからこそ、自己にこだわってよいのです。生涯をかけて、自己の内面を直視することが求められているのです。

しかし、自己の内面を直視することは楽ではありません。そこに模範解答が用意されているわけでもなく、他人がその答えを教えてくれるわけでもありません。その答えは、自分でみつけなくてはならないのです。それは、日々、自分自身をそのまま、ありのまま認め、信じることを積み重ねて得られていきます。時には、迷いの渦に巻き込まれ、息苦しくなって他人の意見を聞いてみたり、私のような者との接触をはかったりすることもあるかもしれません。しかし、自己の内面を見つめる人々は、判断を下すのは、あくまでも自分自身であるという前提を忘れることはありません。

さらに、常に自己の内面を見つめ、自己探求を続ける人々は、自己と他者との違いをそのまま認めます。自分とカラーが違う人々を排斥したり、無理やり同化させようと圧力をかけたりはしません。自己と他者との差異に寛大です。同時に、カラーが違っても、皆、自分を大切にし、自己の内面に忠実に生きる者同士であることも認め合っています。そこには、他者に対して思いやりや共感といった人間らしい大きな愛が満ち満ちているのです。

豊かで平和な国に暮らす私たちは、自己の内面を直視し、自分らしく生きていく使命を担っています。私は、地球規模で求められている意識の覚醒、アセンションは、この使命の上に成り立つと思っています。そして、意識の覚醒は、この日本から、私たちから始めていくのだと感じています。

台風や地震が相次ぐ昨今、被災された方々へは心からお見舞いを申し上げます。その上で、あえて言わせていただきます。この天変地異は、宇宙が「日本人よ、もっと自己の内面を見つめなさい。意識を覚醒させなさい」と言っているのです。

# パラダイム・シフト

今、私が注目している言葉があります。それは、「パラダイム・シフト」です。パラダイム・シフトとは、それまで当たり前とされてきた価値観を根底からくつがえすことを言います。

これまで、多くの方々とお会いして、それぞれのチャネリングを通して、確実に時代は変化していると実感しています。それは、特に最近、いただくご質問の内容に変化が生じていると感じるからです。

いただくご質問は、一言でいえば、その方の人生にまつわる内容なのですが、「自分の今生での使命」についてのご質問を毎回のように受けるようになりました。しかも、それは、必ず人の役に立ちたい、社会貢献をふまえた上でのご自身の使命を尋ねられるのです。私は、そこに精神性の高さを感じます。

二十一世紀は、「融合の時代」と言われます。それまでの分離の時代から、合一の時代へとシフトしていくのが今世紀なのです。この他者との関係を視野に入れた自己実現を真剣に考える人が増えているということは、まさしく時代が融合、合一へ向かっていると立証できます。

こういった精神性の高い方々とお目にかかるうちに、私自身も改めて自分の使命を考えるようになりました。その私の変化に呼応するように、さらに、そのことに関して高密度な刺激を与えてくれる方々とお話をさせていただく機会にも恵まれ、私はますます、自分の使命について深く考えるようになったのです。私は、この仕事を通して、日本と日本人のために力を尽くしていきます。それが、私の使命です。

その使命は、既存の価値観を根底から破壊することを意味しています。

人々の苦悩の原因は、恐怖から発生したがんじがらめの一元的な価値観に、自分が合わない、合わせられないという気づきを持つことから生まれます。いわゆる「世間」という壁にはばまれる苦悩です。その苦悩には、「〜ねばならない」的な束縛から逃れたいというあがきもあります。さらには、他者と自分との比較から生まれる劣等感もつきまといます。

しかし、そのあがきこそ、真の融合、合一への足がかりを形成していく貴重な体験となるのです。そのあがきを体験することで、苦しみの渦中にどっぷりと浸かることで、自分の本当の欲求が見えてきます。そして、その自分なりの欲求をしっかりと両手につかめたら、その苦しみの沼から自力で這い上がれるのです。這い上がった私には、もはや劣等感も焦りもありません。自分の道を自らの歩幅で築いていけます。そこに存在するのは、ありのままの自分と、ありのままの他者です。

ありのまま同士の私たちには、他人の足を引っ張る嫉妬も、裏切りも、搾取もありません。自分のそのままの姿を認められる私たちは、同様に、他者のすべてを慈愛の目で見つめることができます。そして、助け合い、分かち合う喜びを共有できます。それこそが融合であり、合一なのです。

その新しいパラダイムに私たちは着実に向かっています。しかし、そのパラダイムを定着させるには、一度、既存の価値観を壊して、そこからまっさらな意識の集合体を生み出していく必要があります。

今、悩んでいる人達は、大いに悩んでください。安直な解決法を自分の外に求めないでください。その悩みの沼に頭まで沈めて、あがいてください。早く答えを出そうと焦らないでください。むしろ、今、その苦しみに浸れる自由を得られた、これは幸福なのだと発想を変えてください。沼の奥底に沈めば沈むほど、自分で得た答えを確信できます。大丈夫。沈めば、必ず浮き上がれます。

二十一世紀は、自力で浮かび上がった人たちがリーダーとなって時代を牽引していきます。私自身も、苦悩の沼から自力で這い上がるプロセスを丁寧に重ねながら、同じ時代を生きる素晴らしい仲間たちに、這い上がるためのヒントやキーワードを届ける使命があると信じます。

このダイナミックなうねりを体感しましょう。それに身をまかせましょう。身をまかせながら、私たちの意識を結集させて、パラダイム・シフトを完成させましょう。

私たちの意識が未来を運んできます。

STEP2

# 心でつなぐコミュニケーション

言葉がなくなる日

## 以心伝心

「以心伝心」という言葉があります。これは、互いに考えていることが言葉を介さなくても分かり合えることを言いますね。単一民族である私たち日本人は、この「以心伝心」をなんとなく信じているところがあります。

大変親しい間柄では、確かに以心伝心は可能かもしれません。この「大変親しい間柄」というのは、単に身内であるとか親友であるなどの形態をいっているのではなく、真に心と心が通い合っている間柄を指しています。例えば夫婦であっても、心と心が通い合っていなければ、以心伝心は不可能です。

そうすると、ほとんどの人間関係において、実際には以心伝心は難しいといえるのではないでしょうか？　第三の目が発達して、テレパシーのやりとりができる人々が増えれば、それは可能でしょうけど……。

私たちは、なんとなく以心伝心の力を当てにして、自分の考えていることを十分に相手に伝える工夫や努力をしていないのに、相手が自分の思うように動いてくれないことを怒ったり、落胆したりしてはいないでしょうか？　以心伝心がまぼろしなら、以心伝心の関係になれるよう努力することが先決ではないでしょうか？

長い結婚生活の中で、相手が何を思い、考えているのか分からないといった相談を受けることがあります。そんな時、「あなたからご自分の今の感情や気持ちをパートナーに伝えてあげましょう」と返答しています。これは、まさしく以心伝心の関係になるための架け橋となります。

長く一緒にいると、なんとなく相手の考えが分かっていると錯覚してしまいがちですが、日々、人間は変化しています。昨日の考えを今日も持ち続けているとは限りません。相手を「こんな人だ」と決めつけてしまうと、そうではない言動に触れた時、動揺してしまい、裏切られたとか、「あんな人だとは思わなかった」などと相手を責めてしまいがちです。それは、その他の人間関係すべてにもいえることだと思います。

この際、以心伝心という幻想は捨て去って、大切な人と以心伝心の関係になるために、まずは私から自分の考えや思いを相手に伝えていこうと気持ちを切り替えたほうが得策です。その時伝える内容は本心です。その時の自分の偽らざる気持ちです。「好きなら好きと言えばいい！」ってことです。それが、相手に対する最も誠実な態度となります。

そして、そこから相手との信頼関係を築き、その努力を継続することで、念願の以心伝心の関係に昇格できるのです。ちょっと勇気のいる努力かもしれませんが、それを実践することで自分自身も今何を感じているのかがよく分かってきます。そして、相手にもあなたの本心が伝わりますから、相手は自分の本心をあなたに返してくれます。そこに余計な詮索《せんさく》は入り込まなくなってきます。自分を信じ、相手を信じることができて初めて、以心伝心へとつながるのかもしれません。

これは、楽しい努力ですね。本物の人間関係を自らが築いていく努力なのですから。

さあ、あなたにとって「以心伝心」の関係になりたい人は、いったい誰でしょう。何人の人と、この関係になりたいですか？

## 言葉の使い方

先回のチャネリングで、ご相談者に「言葉の使い方は二通りあります。一つは、自分の思考を具体的に相手に伝えて、理解を得ること、もう一つは、自分の理想や願望を実現させるために、その内容の言葉を状況に先んじて使い、それを現実化させることです」と話していました。

一つめの言葉の使い方は、「人間関係の中で、初めから以心伝心はありえません。自分の思っていることや考えていることを言葉にして表現することを通して真の理解が生じ、やがて以心伝心の関係が築かれていくのです」と、よくチャネリングでお話ししています。

二つめの言葉の効用は、例えば、結婚後も仕事を続けたい女性が相手にそのことを伝える際、相手の心を傷つけないように話す必要があります。その時、「結婚しても私は私の道を行きたいから仕事は続ける」と相手に挑戦的に宣言したり、「私も働かないと、あなたの給料だけではやっていけないでしょ」などと告げたりしてしまうと、相手のプライドを傷つけてしまう危険が生じます。

人は、プライドを傷つけられると、そのショックの大きさにうろたえます。言ったほうは、「そんなつもりで言ったんじゃない」と弁解しても、一度、プライドを傷つけられると、人はなかなかその相手を許すことはできません。その関係が、これから夫婦になるというような密なものであったなら、修復はなかなか容易ではありませんし、修復できずに、こわれてしまうかもしれません。

そんな時は、相手の気持ちを尊重して、「あなたのきれいな奥さんでいたいから、そのためには結婚後も働いていきたいと思う」と言ったほうが賢明でしょう。

その言葉は最初、言っている本人もなんだか照れくさい、歯の浮くような、うそっぽい言葉と感じるかもしれません。しかし、その言葉を投げかけられた相手は間違いなくうれしいはずです。相手もちょっと照れくさいかもしれませんが、決してプライドが傷つくことにはならないでしょう。

その言葉を聞いてうれしいと感じると、その人は、それを言った本人にやさしい、おだやかな温かいエネルギーを送ります。それを受けて今度は本人が、同じようなやわらかいエネルギーを相手に送り返します。そのキャッチボールから、互いに相手を思いやるやさしさや愛を伴う信頼のきずなが生まれます。すると、「あなたのきれいな奥さんでいたいから仕事を続けたい」という言葉は、しだいに地に足がついてきます。最初は、まったくうそっぽい言葉であっても、それを言い続ければ互いの関係に良い変化が生まれ、その言葉はやがて真実味を持つようになり、それを発した本人は、その言葉通りの現実を生きていくこととなるのです。

自分だけの理想や願望も、このように状況に先んじて言葉にして声を発していくと、自分自身の思考や行動に変化が現れ、それはやがて現実となります。それがアファーメーション（肯定的宣言）です。

この宣言をする時に大切なのは、その宣言内容を心から信じられるか、そして、言っていて楽しい気分になるかどうかをチェックすることです。いくら「私のお金は豊かです。

お金がどんどん私に集まってきます」と宣言しても、心の声が「うそだろー!!」と叫んでいたり、それを言うことが苦痛と感じるなら、その否定的な気持ちが、その宣言を受け取ることを拒否してしまいます。

また、「〜すべきだ」、「〜でなければならない」といった義務的な宣言も、心を硬くしてしまいますので効果は出ません。リラックスした状態で声に出して言ってみて、楽しい、うれしいと感じる肯定的な宣言こそ、意味があります。

言葉は、まさしく「言霊《ことだま》」です。美しい言葉を使えば美しい世界が自分のまわりに現れ、汚い言葉を使えば自分のいる世界は汚いものであふれます。自分の未来を明るく信じ前向きな言葉を使い続けていけば、必ずその言葉に即した未来がやってきます。言葉一つで、私たちの将来はどうにでもなるのです。

今を生きる私たちは、言葉をたくさん使わなくてはなりません。どんどん使い、豊かな人間関係を築いていくこと、そして個々人の理想を現実にしていくことが望まれています。

何百年後、おそらく私たち人間は進化を遂げ、その時、言葉は不要となっているでしょう。その世界では、もう言葉を使わず、テレパシーでコミュニケーションをとっているでしょう。それには、今、とにかく私たちはふんだんに言葉を使わなくてはならないのです。

# 言葉がなくなる日

日頃、メッセージをお伝えしている中で、自分の考えや思いを相手に伝えることの重要性を力説しています。相手に対し自分を語ること、また、相手の語ることをよく聞くことで、相互理解を深めようと話しているのです。

このことから私たちは、人間だけにしか与えられていない「言葉」をもっともっと使う必要があると気づかされます。今を生きる私たちは、言葉をどんどん使わなくてはならないのです。

それは、何のためなのでしょうか。

それは、私たち人類の進化のためなのです。今、進化の過程にいる私たちは、言葉をどんどん用いることによって自分と相手との相互理解を深め、信頼し合うことが急務なのです。

私たち日本人は、言論の自由な先進国に生きています。その中で私たちは思う存分、言葉を使うことができます。だからこそ言葉をどんどん使わなくてはならないのです。現代に生きる私たちは、言葉を使って、自由に自分の意見や思いを発信し、相手からの情報もしっかりと受け入れることが大事です。そのキャッチボールを通して、自分と相手との相違点を明確にする、しかし、両者の間には温かい愛情、友情といった情が流れ認め合っている、それが相互理解の真の意味なのです。

現代のこの相互理解のための言葉は、一つの進化の表れでしょう。その前段階での言葉は、自分を相手に合わせるために、または強い相手に「自分は敵ではありませんよ」とアピールするために用いられてきたのかもしれません。

相互理解が深まれば、相手と以心伝心の関係になれます。それは、両者の間に言葉を介在させない状態です。言葉を用いなくても、心の中の思いを双方で伝え合えるようになるのです。思っただけで、その内容がそのまま相手に伝わる、あるいは相手の思いが伝わってくるという状態なので、言語の異なる外国の人たちとも自由に交流できるでしょう。それが、私たちが目指す次の進化だと思います。

今、次なる進化のために日本人である私たちは、言葉をしっかりと使って、多くの人々と語り合うことが求められています。

私たち一人ひとりが、自身を語れる言葉を持ち、互いを尊重し合い、情を通して融合すれば、その進化の道を後からついてくる人々に示してあげられます。その過程では決して人類滅亡などは起こりません。

その道のりの先には、言葉をまったく必要としない世界があるのです。その日のために、私たちは今、しっかりと言葉を使う、使いきることが強く求められています。

# 素直は得（徳）です

私は人と会って話をしていると、その人のエネルギーを読んでしまいます。具体的には、その時、その方が有している気持ちや、発言される内容の主要因となる事柄が分かってしまうのです。その主要因とは、親子関係に起因する場合もありますし、過去生から来ている場合もあります。

もちろん、おせっかいなことはしたくないので、その方の許可なしに、それらをベラベラとおしゃべりすることはしていません。そこで感じることは、素直な方はとても読みやすいということです。反対に、私というえたいの知れない人間に対して防衛本能が働き、ご自分をかたくガードされている場合は、なかなかその情報は伝わってきません。相手と会話をしないで相手の情報を読むことだけに集中すれば、そういったガードの堅い方の情報も多少は得られるのでしょうが、相手と会話を進めながら行なっていることですので、それは難しいのです。

素直な方は、私に対してのガードがありません。そのためまわりの空気も大変友好的です。そのリラックスした雰囲気の中では、私も緊張しないので、どんどんその方の情報を得ることができます。そして、そういう方は決まって、私が得た情報をお話ししてもよいでしょうか、と尋ねるとＯＫしてくださいます。

そこで、私はお話をするのですが、話している最中に、さらに次々と新しい情報も得ることができ、それらをすべてその方にお渡しします。堂々とはっきりと情報を差し上げています。

すると、相手は、ご自身の内面の新たな気づきを得られるようで、ぱっとお顔が明るくなる方もありますし、メモを取られる方もあります。私もお役に立てたうれしさで、きっと笑顔が輝いていると思います。そして、ますます周囲の空気は華やぎ、互いの信頼が増すのです。

人と人とのコミュニケーションは、エネルギーの受け渡しです。そして、相手は自分を映す鏡です。自分を守ろうとガードを堅くすると、相手も自分をガードして守ろうとします。その状態で、いくら口で「腹を割って話しましょう」と語っても、心はそれに添いませんので、実現不可能です。

腹を割って話すには、そのガードを取り除く必要があります。それには、その日のありのままの自分で相手と会うことが求められます。それは、素直な自分といえるでしょう。

相手に自分の持っているものを搾取されないように自分を守らなくてはならないと感じてしまうと、心は緊張してしまいます。すると、顔の表情は硬くなり、体全体から発するエネルギーにもトゲがあります。それを受け取る相手も、「この人は硬い、怖い」と身構えてしまいます。すると、相手は余計なことを言わないでおこう、適当なところで話を終わらせようという心理が働きますので、あなたは、本当に有益な情報を得ることはできません。

しかし、ありのままの自分を出せる素直な人は、相手に会う瞬間から、とてもフレンドリーなエネルギーを自然な笑顔とともに相手に投げかけるので、相手の緊張をきれいに取ってしまいます。その状況では、相手もついつい本音を語ってしまうので、その会談はとても有意義なものとなるでしょう。

また素直な人は、他人の意見や忠告を聴く耳を持っています。そして、それをいったん自分に取り入れ、自分自身はそれをどうとらえるのか、冷静に吟味し判断します。それを繰り返すことは、自己成長につながる喜びを得られますので、素直な人は、人との出会いを楽しみ、どんどん成長していきます。それは、お得な人生ですし、そういう人は周囲に自然と人が集まり、「徳のある人」と高い評価を得られます。

自分を守らなければならないことがあるとしたら、命に関わることだけです。通常の生活の中で、自分をかたく守れば守るほど、他人から何もいただけません。同時に、人の役にも立てません。

無防備な素直さは、無邪気です。そして、無邪気は最強です。だって、「邪気」が無いのですから。

邪気の無い、天然の素直さで、お得な人生を歩んでいきましょう。

# 否定より肯定を

同じ内容のことを言うのに、肯定的なものの言い方と否定的な言い方があります。例えば、性格を表現するのに、「デリケート」と言えば肯定的ですが、「気が小さい」と言うと否定的です。「落ち着きがない」と言えば否定的ですが、「好奇心旺盛」と言えば肯定的です。

他人との円滑なコミュニケーションを築いていくには、相手を肯定するものの言い方が欠かせません。相手が否定されていると感じるものの言い方は人間関係に亀裂を生じさせてしまいます。

私たちは一歩外に出た瞬間から、多くの他人との円滑な交流を目指して、この肯定的な表現に気を遣っています。相手によっては、気を遣いすぎて胃を悪くしたり、過大なストレスで押しつぶされそうになったりする人もいます。私は、他人に見せるこうした気遣いを、自分自身に向けてあげてもよいのではないかと感じます。もっと自分を気遣ってあげてもよいと思うのです。

チャネリングの中でも、「自分のことを肯定したら、いつまでも悩まず、そのことをいたずらに引きずらないで、パッと気持ちの切り替えができますよ」と言ったことがあります。

それは、仕事を終えて家に帰り、気持ちを切り替えて家の事をしなければならないのに、「今日行なった仕事は、あれでよかったのだろうか」と、ずっとその日の仕事のことが気になって仕方がないという悩みに答えたものでした。

さらに、「私は、今日もよくやった。一生懸命やった。ご苦労様」と自分に言ってあげましょう。それを三回は自分に繰り返し言ってあげましょう。帰宅して洗面所で手を洗いながら、洗面所の鏡に映った自分の顔を見ながら唱えてみましょう。すると、次第に心が落ち着いてきて、次の仕事へと心新たに移ることができます、とも言い添えていました。

また、その方は「くよくよと悩んでしまう性格」だと自分の性格を否定的に言っていましたが、「洞察力がある」、「感性が豊か」と肯定する言葉に置き換えてみましょう。すると、心が軽くなりますね、悩みではなくなってきますよね、とも伝えていました。

私たちも毎日、こういった言葉を唱えるといいですね。就寝前に今日一日を振り返って、反省はあっても、最後には必ず「今日もよくやった。ご苦労様」と自分を肯定する言葉で締めくくると、いつも自分を信じることができ、自己との円滑なコミュニケーションが図れ、「私はいい奴だ！」と、自分のことが好きになるでしょう。そして何より安眠できます。

毎日、このように自分に対し肯定的な言葉を投げかけていると、おのずとその言葉に合う行動をとるようにもなります。それは、自己を肯定する言葉を自分に与えようとして、現実の自分にその言葉が著しく不似合いなら、その言葉は生まれようがないからです。自分はだませません。

さらに、常に自己を肯定していれば、その瞬間瞬間を、自分の持てる力の一〇〇％で生きることも可能となります。

「自己を肯定する」は、「自己を律する」、「自己を鍛錬する」という言葉と同義語なのです。「私は気が小さいから」、「私は頭が悪いから」などと、自分を否定する言葉ばかり使っていると、それは謙遜という名の言い訳をしているにすぎないことであり、ずっとその言い訳のプールに漂うことになるのです。言い訳という甘えの中では、自己を信頼することも、その瞬間を一〇〇%生きることも不可能です。

座禅をしたり、滝に打たれたり、お経を何万言も唱えるといった苦行をしなくても、自分を肯定することで自己鍛錬ができるのです。そして、気持ちの切り替えがうまくなりますので、心身ともに健康でいられます。

## 共感能力

人間が人間たるゆえんは何だろうと考えた時、私は、「共感能力を持っていること」と、最近思うようになりました。

私が下の子を妊娠する前に、それまでかかったことがなかった風疹の予防接種を保健所に受けにいったことがありました。その時、一緒にいった当時一歳半の娘が、ベビーカーの中で、注射の針が私の腕に刺さるのを見て泣いていました。（私より若い女性は、妊娠時のリスクを回避するために、あらかじめ風疹の予防接種を受けていますが、私たちの世代は予防接種を受けていないのです）

その時、娘は、注射そのものが怖かったのと、大事な母親が痛い思いをしていると感じて泣いてくれたのです。これが「共感能力」です。

人間は、社会の中で育ちながら、この共感能力を身につけていきます。人の気持ちに寄り添える能力、相手の気持ちを自分のことのように感じ取る能力である共感は、人間独自の高い能力です。この能力を発揮できたら、円滑な人間関係を築くことは容易なはずです。しかし、私たち大人の現実は、なかなかそうはいかないようです。

さまざまな人間関係にかかわるご相談の多くは、夫と妻との関係、彼と彼女の関係といった濃密な関係の修復に関するものです。何かのきっかけでそれまでの密な関係にヒビが入り、それをどうしたら修復できるだろうか、また、長年の気持ちのすれ違いで、とうとう別れを予感する緊張状態になってしまったなどのご相談を受けていると、当事者たちの間には、この共感能力が影をひそめていると感じます。

そこには、相手が動き出すのを辛抱強く待っているご相談者本人が存在しています。その時、ご本人は、自分の感情を一切相手に見せてはいません。すると、どういうことが起きるのか――。

相手も同様に自分の感情を見せてはくれません。互いに、相手の気持ちが分からないまま、距離を縮められないまま、にらみ合い、探り合いが続きます。そして、その関係に疲れて、幕引きをしぶしぶ決意するといった流れになりやすいのです。

そこで、心得てほしいことがあります。それは、自分の気持ちを表現しないと、相手も気持ちをオープンにしてはくれないということです。相手に自分のことをどう思っているのか聞きたければ、自分が相手をどう感じているかを表さないと、教えてはくれないのです。互いに気持ちを見せ合うことで、相手のことを理解しやすくなります。すると、互いを思いやる共感が生まれやすいといえます。

早い段階から二人の気持ちを表現し合う関係を築く努力をしておくと、決定的な意見の相違があっても、むしろそんな状況だからこそ、二人が持ち合っている共感能力が大きく開花して、その難局を乗り越えていくことができるのです。

特に女性は、好きな男性に共感してもらいたいと強く欲しています。女性は、好きな男性に自分の気持ちを分かってほしい、やさしく気持ちに寄り添ってほしい、と望んでいるのです。女性が「今日は、いいお天気ね」と男性に話しかけたら、ただ「そうだね」、「ほんとにいい天気だね」と、オウム返しでいいのです。それだけで、女性は共感してもらった安心感で包まれ、幸せを実感できます。間違っても「それがどうした?」などのような返答はしないでいただきたいのです。

また、彼女に何か相談されても、それを真っ向から解決しようとしないでください。彼女のためになる回答をしてあげようと頭をひねらないでください。その間、無言になりますし、その沈黙が、意外と女性を傷つけます。ただ、「大変だね」、「あなたの苦労、分かるよ」といった、解決策ではない共感の言葉をかけてあげてください。女性は、あなたに解決策を要求してはいません。ただ共感してほしいのです。女性にモテたければ、男性は、うまい共感の仕方を身につけることが得策でしょう。

密な人間関係を形成したければ、おそれず自分の気持ちを相手に言葉を使って見せてあげてください。その感情の交換を通して、深い共感を互いに得ることができます。それは、両者を強く、しかし、しなやかにつなぎ、愛に満たされた、ゆるぎのない信頼を築いていくことを可能にします。

# STEP3

# つくる幸せ、育む相性

## 親子ってすごい、素晴らしい

# 親子ってすごい、素晴らしい

誰にでも自分をこの世に送り出してくれた親がいます。子どもは、その親から多大な影響を受けながら成長し、大人になっていきます。そのため、子どもは親の好きなところもあるけれど、まねしたくない、どうしてあんな感じなのだろう、あそこが大嫌いと、親に対しての不満も多く持つと思います。

私は教育熱心な母親と、子育てに無関心な父親のもとに生まれました。幼い頃、母親に厳しく叱られて、外に出されて泣いていて、そこに会社から帰宅した父が通りかかるのですが、父は私のことを無視してさっさと家に入っていきます。私は父に、助けてほしい、すがりたいと思うのですが、父は私と視線さえ合わさず、無言で玄関の戸を開けて中へ入っていきました。私は、その戸が冷たく閉まる音を聞いて、絶望的な気持ちになり涙があふれたのをよく覚えています。

大人になった今も、いつも母の顔色を見ながら成長した私だったのに、なぜ父は、そんなかわいそうな私を助けてくれなかったんだろうと、恨みにも似た気持ちになる時があります。

しかし先日、私と同じような親子関係に悩む方のご相談を受け、その方が、父親に愛情を持てないと語った時に伝えたメッセージの内容に、私は多くの気づきを得たのです。

それは、「あなたがお母さんと深く関わる必要があったので、お父さんは、そういう距離を保ってくれたんですよ。お父さんが、あなたの望むような深い関わりをしていたら、あなたがお母さんとの関わりで学ぼうとしていたことを学べなかったんですよ。だから、浅い関わりをしてくれたお父さんに感謝ですね」と語っていたのです。

そうか、そうだったのか！　思えば私も、母とは過去生での深い因縁があって、この人生で母娘の関係となったのです。母の嫌なところ、やめてほしいところを、まざまざと見せてもらえる位置関係に父が入り込まなかったことで、私は、自分の人生の課題をしっかりと学べたのですね。

今、私は母と同じ二人の子どもを持つ母親となりましたが、育児をするにあたって、母が私に見せてくれた姿が反面教師として大変役に立っています。「自分が母にされていやだったことを、自分の子どもたちにしなければいい」という明快な答えをもらっているのです。

これを読んでくださっている方の中には、親子関係で悩んでいる方もいるでしょう。幸せそうなよその親子を見てうらやましいと感じる人もいるでしょう。「どうして、あそこの子に生まれなかったんだろう、自分は運が悪い」と人生を呪う気持ちになる日もあるかもしれません。

しかし、私たち一人ひとりの人生には、運良く生まれるとか運悪く生まれるといった、賭けのような不安定さは存在しません。その親のもとに生まれることは必然だったのです。自分がその親を選んだのです。

一見、不幸そうな親子関係であったとしても、そこには、その子どもにとって多くの学びが隠されています。その子どもにとって、その人生での学びを得るには、その親でなければならなかったのです。だから、どんな親であったとしても、「私の親になってくれてありがとう」と言うのが順当なのです。

しかし今、とても親に感謝の言葉は口にできないと感じても罪ではありません。「そんなものなんだな」と感じるだけでいいのです。私もまだ素直に「ありがとう」は言えそうにもありません。今「そんなもの」と感じれば、自分の親子関係を肯定できますので、いずれ感謝できる時がやってきます。

さて、成長した自分がやがて親になったら、子どもには、ありのままの自分を見せてあげましょう。いいところも悪いところも全部包み隠さず見せてあげましょう。それを期待して、あなたの子どもはあなたを親に選んだのです。その期待に全力で応えてあげましょう。子どもにとって見事な「反面教師」でいてあげましょう。それが素晴らしい親といえるのです。

## 正しい親の姿

子どもを持てば私たちは間違いなく親になります。何の準備もないまま親になる人もいるでしょうし、多少その覚悟があって親になる人もいるでしょう。どんな状況であれ、とにかく子どもが誕生したら、私たちはみんな親となってしまいます。

誕生した子どもは、その子特有の性格を持ち、日々その子らしい成長を重ねていきます。初めてさずかった子どもであれば育児は本当に手探りの状態です。育児書を開いても、先輩ママの話を聞いても、参考になる場合もあるし、そうではない場合もあります。頼みの綱の自分の母親に、育児のノウハウを聞いても何十年も前の子育て経験は案外忘れてしまっていますから、あてにはなりません。

二人目、三人目の子どもであっても多少は上の子の育児経験があるので気は楽ですが、子どもは一人ひとり個性があるので性格や興味を示すものなどに違いが表れます。その場合、上の子と下の子を比較し、育てやすい子はいいけれど、そうではない子がいると、その子の育児に悩みます。

チャネリングを受ける方の中には、まさに子育て真っ最中の方、あるいはこれから親になろうとしている方もいらっしゃいます。子育て真っ最中の方のご質問で多いのは、「子どもをどのように育てていけばよいか」、「きょうだいそれぞれの育て方のポイントを知りたい」などが挙げられます。またプレパパの方からは「子どもが生まれたら、ちゃんと育てていけるのだろうか、私はちゃんと親になれるのだろうか」という質問を受けました。

確かに子どもを持てば親になるのですが、親＝立派な人間と、決めつけてしまうと、ぜんぜん立派に思えない自分は親の資格があるのか、とても親なんかにはなれないとしぼんでしまいます。そうなってしまっては、毎日の育児を楽しめませんし、子どもの誕生を心待ちにはできなくなります。

親になるのは間違いなく自分です。この等身大の自分が親になるのです。自分の内面には、すでに「子ども時代」、「夫（妻）」、「自分自身」といったいくつかの引き出しがあります。そこに新たに「親」という引き出しが増えるだけなのです。「親」の引き出しだけ、他の引き出しよりも立派に飾る必要はありません。

子どもにとって最高の親とは、どんな親なのでしょうか。それは、親である自分のありのままの姿をすべて子どもに見せてあげる人といえます。

子どもは両親を選んで生まれてきます。子どもの今生での学びのためには、その両親のもとに生まれるのがちょうどよいということなのです。だからこそ、親の引き出しを持ったら、背伸びをしないで、立派な親にならなければならないと緊張しないで、そのままの自分でわが子と向き合えばよいのです。

子どもにとって両親は最初に接する社会です。その両親から多大な影響を与えられて成長していきます。成長過程において子どもは、両親から与えられるさまざまな刺激を土台として自分らしさを築いていきます。子どもにとって、親が見せてくれるさまざまな姿から、ある姿は尊敬できるからまねしよう、でも、ある姿はまったく尊敬できないからまねるのはよそうと判断していきます。親は、子どもにとって人生を教えてくれる素晴らしい先生です。

子どもが男の子であっても、女の子であっても、親は接し方を変える必要はありません。子どもの性差によって、父親、母親の果たす役割は異なりますが、親のほうでわざわざその役割を演じなくても、子どもは成長を通して両親それぞれの影響を彼らの性差に合わせて受け取っていきます。

親が子どもにしてあげられることは、その子の人生の学びに大いに協力することです。親となる大人は自分のありのままの姿を、包み隠さずそのまま子どもに見せてあげることです。その刺激によって子どもは、自分らしい生き方を一つずつ構築していきます。それが、子どもの「生きる力」となっていくのです。先回りして子どもを導く必要はありません。

親は、自身の人生の道を自分なりにしっかりと歩いていくこと、その姿をまるごと子どもに見せてあげるだけでいいのです。それこそが正しい親の姿といえます。

# 母という存在

赤ちゃんが最初に接する人は母親です。自力では生きていくことができない赤ちゃんの命は、この母親が握っています。赤ちゃんは母親に授乳してもらったり、オムツを替えてもらったり、沐浴させてもらったりといった接触の中で、自分が母親に全面的に受け入れられ、愛される安心感を得ようとします。その点から、子どもにとって母親の存在は絶対であり、子どもへの母親からの影響力は絶大といえるでしょう。

私の例ですが、私は幼い頃、左手が利き手でした。幼稚園の頃は、まだ左利きで、それを母が躍起になって直そうとしていました。箸やえんぴつ等は、努力の甲斐があって右で持てるようになったのですが、はさみだけはどうしてもうまくいきませんでした。それでも母親に叱られるのが怖くて、右手ではさみを持って必死で使ってみるのですが、切ったところがギザギザでまっすぐに切れません。それを母が見て「あんたは、本当に不器用だね」とため息まじりに言ったのです。

幼い私の心は、まるでスポンジが水を一滴も残さず吸い上げるように、この「不器用」という言葉を吸収してしまい、以後、かなりのコンプレックスになっていきました。もう右手で何でもできるようになっても、学校ではさみを使う時、私は机の上ではさみを使わず、机の下で両手を隠すように使っていました。それは不器用な私を人前にさらしたくなかったからです。誰かがはさみを使う自分を見て、その人に「不器用だね」と言われたくなかったからなのです。そうして自分を守ろうとしていたのかもしれません。

母親のほうは、この話を覚えていないでしょう。覚えていても「ささいなこと」かもしれません。しかし、絶対の存在である母親から投げかけられる言葉は、それが良くても悪くても、子どもの心の成長に多大な影響を及ぼします。そして、どんな影響を受けても、子どもは常に母親に愛されていたいと思っているのです。

私はかつて、自分の育児に役立てようと、子育てを勉強する講座に通ったことがあります。そこで、児童相談専門のカウンセラーが「母親に虐待されたことが原因で非行に走り、少年院に送られた子どもたちに作文を書かせると、どんなにひどい虐待を受けていても、内容は『母恋し』なんですよ」と話されていました。この話を聞いていて、私はその子ども達の心情を思うと涙が止まりませんでした。まわりの人たちも泣いていました。

母親の存在は、本当に大きいです。子どもの人生を、母親の一言が決定してしまうこともあり得るでしょう。母親の条件つきではない、無償の愛で包まれて育った子どもは、自分の人生を肯定し、のびのびと成長していけるでしょう。その点から「ほめ育て」の意義は大きいと思います。

日ごろ、ご相談を受ける中で、子育てについて問われることがあります。うまくいかない子育てで、自分が悪いのではないかと反省している人もいます。無償の愛で子どもに接する重要性は十分に分かっているけれど、時には感情的になって、ついつい声を荒げてしまうこともある、どうしたらいいのだろうかといったご相談に対し、「悪いことをしたと思ったらお子さんに『ごめんね』と目線を合わせて謝ってあげてください」と伝えています。

そこには、母親であるという立場にあぐらをかかないで、自分も発展途上の人間であるという謙虚さを持ち、さらに、子どもは母親を絶対的に慕っているのだから、目線を合わせて謝ることによって、その子どもの心情を汲み、母親の温かい愛情を実感させてあげることの大切さが語られていると思います。

子育ては、人間を育てるという責任の重い仕事です。そして究極の愛である「無償の愛」を学べ、実践できる素晴らしい育自の場でもあります。母親という立場を選んだ女性は、その尊い責任を自覚してほしいと思います。そして、パートナーとも協力をして、その責任を遂行していきましょう。

私も、ただ今、子育て真っ最中です。私自身も、子どもたちから母親という素晴らしい仕事をプレゼントしてもらっていることに感謝をし、その都度、「ごめんね」を言いながら、無償の愛の実践にチャレンジしていこうと思っています。

## 親の愛に恵まれなかったら

世の中には、親の愛に恵まれた人とそうではない人がいます。親の愛に恵まれなかった人は、自分の不運を嘆き悲しみ、恵まれた人への羨望で胸がいっぱいになるかもしれません。そして、どうして私はこんな親の子として生まれてしまったんだろう、この親と私の関係はいったい何なのかと疑問を持つでしょう。

実際にチャネリングでは、親子の場合も過去の人生において深いつながりを見いだすことが多いのですが、親の愛に恵まれない人は、その関係からの学びがとても大きいといえます。

そこで、何を学ぶのかということですが、一言で言うなら「愛」を学ぶのです。人はそれぞれの方法で「愛」を学ぶともいえますが、親から虐待を受けた人、親の愛情が薄かった人は、その方法で「愛」を学んでいるのです。ちょうど、「愛」という山頂を目指して、そこにたどりつくためのルートはいくつでもある、その中で最も自分に適したルートを選んで、山頂（愛）を目指して山道を歩く（人生を歩く）ことにたとえられます。親の愛に恵まれないという不運は、あなたが目指す「愛」への最適なルートなのです。そのルートをわざわざあなた自身で選んだともいえるのです。そして、その困難を自ら人生に引き入れた訳ですから、あなたは度量の大きい人といえます。

親というのは、他人と違ってまったく無視できない存在です。この親から私たちは生まれ、最も影響を受けるのも、この親からです。したがって、親の出来が悪いと、その子どもの人生も前途多難になってしまう傾向は避けられないでしょう。しかし、その前途多難な人生を受け入れたのは、誰でもない自分である、それは私なりの「愛」の学びへの最適なルートなのだ、だから、その環境に感謝をしようと思えたら、一足飛びに「愛」を学んでしまうでしょうね。

実際には、なかなかそんなふうには思えないものです。しかし、もしかしたらそうなのかもしれない、この人生は自分で選択してきたのかもしれない、この親を選んだのは自分自身なのかもしれない、愛を学ぶためには、この親子の関係が不可欠なのかもしれないと、少しでも思うことができたら、心の負担はずいぶん減るのではないでしょうか。

親子関係でこれまで悩んできて、私のこのコラムを読んで、やっと今そう思うけれど、もっと早い時期にこのことを知っていればよかったと残念がる人もいるかもしれません。

しかし、そうではないのです。人間的に成長した今だからこそ、そう思えるのです。今が、そう思う、ちょうど良い時期なのです。そう今思えるあなたは、度量の大きい、素晴らしい人間です。

## 親孝行とは？

お会いする方々の中には、大変親思いの方々もいらっしゃいます。親と遠く離れて暮らしていて、なかなか会うことができず、親に対して申し訳なく思っていると語られたり、ご病気を抱えている親を心配し、何をしてあげたらいいのだろうかといったご質問をされたり、その方々の親を思う清らかなお気持ちには頭が下がります。

しかし、そういう方々は、こんなにもやさしい気持ちを持っていながら、ご自分のことを「親不孝」だと責めているようです。ゆえに、ご相談というより、そのことを語ることによって懺悔をされていると感じます。

そもそも親孝行とは何でしょうか？　チャネリングでは、その方が純粋に親を思う気持ちを持っていれば、それだけで親孝行をしていることになるんだよと話しています。

お金や物をあげることが親孝行ではありません。そこに親を思いやる気持ちが備わっていないと孝行したとはいえないのです。お金や物をあげなくても、なかなか会えなくても、常に親を思っていれば、それは孝行をしていることになるのです。

「子どもである自分を育ててくれてありがとう」と声に出さなくても、心で念じているだけでも親孝行をしたことになります。その思いは純粋なので、その波動の粒子は大変細かく、また粒子間が密なため、まっすぐ相手に届くのです。

親子は偶然、その関係になるのではありません。互いの魂の学びのために、その関係を選び取ったのです。親は子どもを育てることを通して、「育児は育自」と言われるように、多くのことを学びます。したがって、親は子どもを育ててやっているのではなく、育てさせていただいているといえます。子どもも同様です。親を通して社会を学び、親を手本として自己の確立を目指すことができます。親は自分の根っこになってくれるのです。

親子が、この深い関係に気づき、互いに感謝し合うことができたら、こんなに素晴らしいことはありません。それを子どもの側からとらえると「親孝行」となるのです。さらに、子どもは親への感謝とともに、自身の人生をしっかりと歩んでいくことも立派な親孝行です。

# 結婚

未婚の方々にとって、結婚は大きな人生のテーマでしょう。未婚の方から受けるご相談では、結婚についてのご質問が圧倒的です。

「私は結婚できるのでしょうか?」、「私は、いつ頃結婚するのでしょうか?」、「今、付き合っている彼との結婚はどうですか?」等々。

時代が推移しても、世代の価値観が微妙に変化しても、やはり「結婚」は人生の重大事なんですね。

よくお答えする内容としては、「結婚したいなら自分が結婚するぞ、と強く思いましょう」、「その彼との結婚をあなたは望んでいるのかどうなのか、今一度よく考えてみましょう」などで、「私は結婚についてどう考えているのか」という視点に立つ大切さを伝えているように感じます。

「私の人生の主人公は私である」はずだから、結婚についてもその立ち位置は変わりません。しかし結婚については、「私と結婚してくれる人は現れるのだろうか」、「あの人は私と結婚してくれるのだろうか」、「この人と結婚したら幸せになれるのだろうか」というように、なぜか受け身になってしまう傾向があるようです。

あなたがその不安な気持ちを今、そう素直に感じるのであれば、それは決して間違った思いではありません。しかし、同時に、「私は結婚します」、「私はあの人と結婚します」、「この人と結婚して幸せになります」といった自分のはっきりとした意志も持つ必要があります。

このように、結婚に対して明確な意志を持つためには、自分の目がきちんと自己をとらえていなければなりません。それは、仕事や趣味など生活全般について、語れるものを持つということを指しています。

「語れるもの」というのは、自己の探求、自己への興味です。真剣に自分の人生を歩んでいるかどうかです。「私の人生の主人公は私である」といえるかどうかです。

自分のことはあまり考えずに、「素敵な人がどこかにいないかなあ」と、ぼんやり望んでみても、その夢は叶うことはないでしょう。それこそ、現実味のない「高望み」に違いありません。

結婚は、互いに相手を選び合うことです。一方的に選ばれるものではありません。したがって、つりあう者同士でなければ、結婚には至らないのです。あなたが理想の相手との結婚を本気で望むなら、まずは、あなた自身がその理想の人間になる努力をすることが先決です。そうすれば、あなたが到達した理想の同じレベルにいる人と結ばれます。

相手への期待を、まず自分へ向けましょう。相手への願望を自分に向けて、実現する努力をしましょう。そうすれば、必ずあなたが描く理想通りの結婚を手に入れられます。

それから、既婚のみなさまへ。あなたのそばにいるパートナーとあなたは大変お似合いのご夫婦です！　すばらしくつりあいが取れています！　あなたのレベルにパートナーのレベルは見事に一致していますよ！

## 結婚したら幸せになれるの？

未婚の方々からは、男女を問わず、「これから私、結婚できるでしょうか？」という問いを必ずといってよいほどいただきます。

また、今、お付き合いをしている異性がいて、その人と結婚してもよいのか、といった問いや、その人以外に自分の伴侶は現れるのか、といった問いもあり、私たちにとって「結婚」というテーマは、人生でいかに重要かを思い知らされます。

しかし、慎重な検討を重ねて、その人と結婚することにGOサインを出して、あるいは、その人と結婚したら幸せになれそうだと判断して結婚して、十年後も二十年後も結婚式での誓いを忘れずに守っている夫婦が、いったいどのくらい、いらっしゃるのでしょうか？

友人と話していると、「ダンナが定年になって家にいるようになったらどうしよう。今かららそれを考えるとゾッとするわあ」という話が出る時があります。また、「ダンナが定年後、家にいるようになった時、私は外に出ていたいから、今からそういう態勢をつくっておくのよ」と言う人もいます。

さらに、受けるご相談の中には、「私は結婚以来二十五年、ずっとがまんしてきました。夫は、私のことを何も考えてはくれません。子ども達が大きくなったので離婚しようと思います」と、固い決意を語る方もいます。

いつだったか、ＩＴ関連会社社長と入籍した女優でタレントの山口もえちゃんが、その会見で「彼は心の支えになってくれて助けられたことがいっぱいある。これから家庭をつくったときには私が彼の支えになりたい」と、喜びいっぱいで語っていましたね。

それが二十年後、「一緒にいたくない」と思う関係は、なんだか寂しいじゃないですか。心に北風が吹き荒れる感じですよね。

世の中に異性は山ほどいても、その中からあんなに検討を重ねて決めた、たった一人の相手なのに、互いを思いやる関係を築き合い、それを継続することは難しいことなのでしょうか？　「結婚」とは、いったい何なのでしょう。私たちは、どうして結婚するのでしょう。

ょうか？　結婚から何を学ぶのでしょうか？

私は、結婚を通して、人間関係の築き方を学ぶのだと感じています。それは、人と人との信頼関係です。結婚を決める時、その先の幸福を思い描き、期待することは悪いことではありません。しかし幸せとは、相手にしてもらおうと期待し続けると落胆の連続になりがちです。

体のある箇所が痒い時、相手に何も言わずにその箇所を掻いてもらうことが果たしてできるでしょうか？　つまり、幸せにしてもらおうと期待するより、その相手とどうしたら双方が満足できる幸せを手に入れられるかを一緒に考え、協力しながら実践していくことが結婚には求められているのではないでしょうか。

いくら過去生で、その人と深い関係にあったとしても、今回の人生で、その関係をどう築いていくかは、今の自分たちにまかされていて、その過去生があるから、ただそれだけで、その人と結婚したら幸せになれるとは断言できません。

相手と信頼関係を築いていくには、やはり互いにその時々に思うことを語り合うことが大切です。その積み重ねを通して、互いの個性、価値観の違いを認識し、そこから二人独自の信頼方法を編み出していくことが結婚の意味ではないかと感じます。

また、人は、責められると心を固くしてしまって、言われている内容を素直に受け取ることはできません。ヒステリックに怒鳴る妻の言い分を夫は、まるごと受け入れることは不可能でしょう。

それぞれの言い分を聞き合える関係を築いていくには、「ありがとう」の言葉がけは欠かせません。「ありがとう」は、実は、家庭の外で多用するより家庭という内の世界で、家族間で、どんどん使うべき言葉ではないでしょうか。そこに、持続する結婚の幸せがあります。

私も、この機会に十五年の私たちの結婚生活によく耐えてくれた(!?)夫に、改めて「ありがとう」を言ってみようと思います!

## 結婚に踏み切るには

先日、ある方に「お見合いをした相手にそろそろ結論を出さなくてはならないのだけれど、その人が結婚相手としてふさわしいかどうか教えてほしい」との相談を受けました。

多くの人が恋愛のゴールを結婚に置くのは、今も変わりがないと思います。結婚は生涯に何度もあることではなく、何度もあってはならないことでもあると考えているので、結婚相手を選ぶことはかなり慎重に冷静になります。そしてその時、心には「果たしてこの人と結婚したら幸せになれるか」という問いが生まれています。

この問いは、未来のことを尋ねているので、なかなか確固たる結論を出すことは難しいですし、それは不可能ですね。そこで、相性占いなどを利用して、なんとか判断を下そうと試みるわけですが、それでもやはり明確な結論は出てきません。

特に女性は、その問いをしている時、「その人と結婚したら幸せにしてもらえるのか」という受け身な考え方をしがちです。すると、「幸せにしてもらえるか否か」も未来のことであるし、相手に具体的にどんなふうに幸せにしてくれるのか説明せよと問うことも現実ではあまりないことでしょうから、ますます結婚の結論は出せなくなります。

その判断のつかない不透明な状態のまま、周囲がその人との結婚を勧めるから、年齢的に後がないから、世間的に客観的に判断して、まあ、いい人なのかもと思うから、などと理由をどうにかつくって結婚に踏み切ることは、大きな賭けをすることになります。

「人生はギャンブルだ！」と思える人には、そういった判断もスリリングでいいのかもしれませんが、大切な自分の一生だとこの人生をとらえたい人には、不向きな判断でしょう。

では、お見合いで結婚相手候補と出会い、結婚を意識するようになった、あるいは、今の交際相手との将来を考えるようになった時、どうしたら的確な判断が下せるのでしょうか？

その答えの鍵となる言葉は、受け身の反対です。

つまり、「結婚したら幸せにしてもらえるのか」と問うのではなく、「結婚するとして、自分がその人に何をしてあげられるのか」と自分に聞いてみることです。

例えば、「おいしいごはんをつくってあげたい」、「安らげる家庭をつくってあげたい」、「話をよく聞いてあげたい」、「気が弱いところがある人だから、私がそばにいて励ましてあげたい」等々の答えが具体的に出るかどうかを判断すればよいのです。それが躊躇なく出てくるということは、相手を愛しているということですので、結婚に踏み切る勇気は無理なく出てきます。そして、結婚の根拠をそこに見いだすことができるので、堅実な結婚生活を営んでいけるでしょう。

愛は、まず相手に渡さないと相手からいただくことはできません。したがって、幸せにしてほしいのなら、自分が相手をどのように幸せにしてあげられるのかを考えることが先決です。もし、それが考えにくい、考えられないのであれば、どんなに相性占いの結果がよくても幸せな結婚生活を送る可能性は低いでしょう。

幸せは、つくっていくものです。

相性は、育んでいくものです。

冒頭で紹介したご質問者にも、以上のように回答いたしました。その方は、その能動的な立ち位置にご自分を置いて、もう一度相手との結婚を考えてみると返答されました。きっと、その方なりの結論を得ることができるでしょう。

ひるがえって、私はどうだったでしょうか？

今年でもう結婚十五年です。結婚する前、夫を幸せにしてあげたいと、けなげに一途に思ったでしょうか。多少、そういう気持ちもあったと思い出しますが、それより、強引に結婚させてしまったような……。

私もこのコラムを書いて反省します。そしてこれから、夫を幸せにしようと思います！

## いつ子どもを産めばいいの？

女性がめでたく結婚を手に入れても、休む間もなくやってくるのが「子どもをいつ産むか」という問題です。私も、その質問は、その立場にある女性からよく受けます。

その方々へお伝えするメッセージは、「今、その問題について自分自身がどう思っているのかを探り、その気持ちをありのまま認めてください。それを否定しないでください」、「先々のことは心配しないで、不安がらずに今、思うこと、考えることに集中してください」、「その思考を信頼し、それをもとに行動を起こしてください」といった内容になります。

私自身は、このメッセージをもっともだと納得しています。しかし、やはり当事者は、なかなかそういった達観した思いは持ちにくいと感じます。「そうは言っても、子どもを持つか否かをはっきりとは決められないし、持つとしても、いったいいつにしたらよいのか考え、迷ってしまう」というのが本音でしょう。

そこで、私の体験をお話しさせていただこうと思います。私は二十九歳で結婚しました。その頃、地方出張の多い仕事をしていて、かなりハードな日々を過ごしていたのですが、仕事に自信を持ち始めていた時期でもあり、ハードなほど仕事のやりがいを感じ、自分を必要としてくれる相手がいると実感していました。いわば、仕事がのっている時期でした。夫はすぐにでも子どもが欲しいと言いましたが、子どもを産むことで失う仕事を考えると、私もすぐに子どもが欲しいとは思えませんでした。

しかし、結婚半年後に初めての妊娠をしたのですが、三カ月になる頃、流産してしまい、その時、仕事を失う恐怖から素直に妊娠を喜べなかった自分に罰が下ったと猛反省をしました。そしてその半年後、また妊娠し、その時には前回のこともあり、素直に宿った生命をいとおしいと思え、必ず産むぞと誓いました。

その後順調に妊娠生活を送り、九カ月の半ば、私は仕事をやめました。出産後、それまでと同じように出張を繰り返すその仕事は、継続不可能と判断したためでした。

退職する日、職場の人々から大きな花束をいただき、その花束を抱えて帰宅する途中、涙がこぼれて仕方がありませんでした。それは、自分の決断を悔やんだのではなく、ただただ寂しかったのです。仕事にまい進してきた、それまでの自分から、子どもを産んで母親になるという大きな変化をまだ十分に受け入れられなかった時期でしたし、母親になるということに抵抗はないといっても、それまでの仕事への愛着を捨てきれていなかったので、仕事を失う寂しさをまざまざと実感した涙でした。「ああ、定年退職する人の気持ちが分かる」としみじみ思いました。

あれから十三年たった今、私は二人の子どもの母親となりました。上の子を産んで間もなく通い始めた公園でママ友達が出来て、その友達に下の子を産んで間もない時にはずいぶん助けてもらい、今でもその友情は続いています。

子どものいる生活は、それまでの仕事人間の時には得られなかった数々の貴重な体験を与えてくれましたが、その上で「やはり私は働きたい」と強く思うようになりました。そこで、二人目を産むまでの間に、再就職に備えて資格を取り、その資格を活かして実際に再び職に就きました。また、下の子の出産で上の子が保育園をやめなくてもすむように、在宅仕事に変わった時期もありました。

私の三十代は、二度の出産、育児、家事、仕事とめまぐるしい十年でした。そして、今、四十代。この八月で四十五歳となります。ようやく「これが私の仕事かな」と思える今の仕事があって、とても幸福だと感じています。

その今を支えているのは、これまでいろいろと思い、考え、悩みながら過ごしてきた結婚後の三十代だった、あのさまざまな思い、体験のすべてが、今の仕事につながっていると思えます。これからは、今を土台にして、ますます積極的に仕事を展開していきたいと希望しています。

見えない未来は、考えると不安になるものです。「いつ子どもを産むのか」という未来を今考えても、明確な答えが見つかるとは思えません。それなら今の自分の思いに注目し、それを肯定することです。「今は、子どもは欲しくない」と思うのなら、それでいいのです。その思いを否定する必要はありません。

しかし、私たちは日々変化をしています。その思いは明日も同じとは限りません。変わったら、その変わった思いを全面肯定して行動していけばいいのです。その積み重ねで人生は動いていきます。大切なのは、「今を生きる」ということです。

したがって、「いつ子どもを産めばいいの?」への返答は、「その気になった時」と申し上げられます。

## 離婚の意味

お会いする方の中には、離婚を経験した方、今まさに離婚に向けて動こうとしている方もいらっしゃいます。

私たちは、知り合う数多くの人々の中から伴侶を選びます。そこには、必ず人生の学びが含まれているといっても過言ではありません。その二人が互いに夫婦という関係になることを通して、そこから互いに学ぶものがあるのです。その学びは、そのカップルにぴったりのものが用意されているのです。ある夫婦は添い遂げて、またある夫婦は離婚という道を選ぶ……ここにも必ずそれぞれの夫婦ごとに大きな学びがあります。

私がお会いした過去に離婚を経験した方、これから離婚する方の過去生は、その方々のそれぞれの伴侶との結びつきを見事に物語り、今回の離婚の意味をはっきりと示していました。

例えば過去の人生で、お母さんとその末っ子の息子は、今回は妻と夫という関係で結びついていました。過去生で、その母親は病気のため、その末っ子を成人するまで育て上げることができなかったので、今回の夫婦という関係において、妻は夫を育てる役割を引き受け、夫が育ったところで離婚という選択をしたのです。まさに離婚は、夫というかつての息子の巣立ちとイコールだったのです。さらに、その結婚期間は、その過去生で母親が息を引き取った時点から息子が成人するまでの期間とまったく同じでした。

また、過去の人生では父親と娘の関係で、今回の人生では、それぞれ夫と妻となっていて、過去生での父親は、親の立場から娘を強く支配するという傾向にありました。今生での夫婦の関係も、夫が妻に対し威圧的で、その圧力から自由になるために妻が離婚を決意したという経緯でした。このケースは、今生で、まず妻は夫からの束縛を経験し、それによって彼女が自分自身の自由と自立への関心を持つこと、そして自分の手で、その自由と自立を手に入れることが大きな学びでした。

離婚はうれしいことではないでしょう。しかし、その選択には意味があります。たとえ、憎しみあったとしても、そこに大きな学びがあるのです。視点を、離婚の意味、そこからの学びに向ける必要があるのです。その学びを与えてくれたのは元伴侶であるから、その元伴侶に「ありがとう」と心の中ででも言えたら、あなたの人生はそこから大きく前進するでしょう。

さらに、夫婦だった時に、その元伴侶に私は何を与えてあげただろうと考えてみるのも、その意味や学びへのヒントを得られるかもしれません。

結婚も離婚も人生の大きな節目です。どちらかが良くて、どちらかが悪い結果ではありません。その人生の節目を経験することに意味があります。結婚のみを経験しても、結婚、離婚のどちらも経験しても、あなたの人生は順調そのものなのです。

# 不完全な家

ご相談の中には、今住んでいるところが家相的に、地相的にあまりよくないと言われたが、大丈夫でしょうか？　といった内容もあります。あるいは、その家に引っ越した時期が悪かったと霊能者に言われたが、このままそこに住み続けてもよいのでしょうか？　という問いもあります。

私も三角形の部屋はよくないとか、埋立地は土地のエネルギーが弱いので、その上に住むのはよくないとか、そういったことを聞いたことはあります。しかし、チャネリングでは、それとはまったく異なる内容を話しています。

ここでみなさんに考えていただきたいことがあります。それは地相的にも、家相的にも、そして住む時期さえも完璧な家は果たして存在するのでしょうか？　果たしてそれらがすべて満点の家をみつけることは可能でしょうか？

先日のチャネリングでもやはりこういった家の問題を質問されたのですが、その方にメッセージを伝えている私自身が、その内容にいたく感心してしまいました。それは、「地相も家相も、そして住む時期さえも完璧な家に住んだら、人間は生きる努力をしなくなります」と話していたのです。どうです。名言だと思いませんか?

また、「家族や誰かと一緒に暮らす場合、そのメンバー同士の愛が悪いものをその家に入れない、寄せ付けない結界をつくります」と話していました。これも、素晴らしい言葉だと思います。

すべてがパーフェクトな家に私たちが住んでしまったら、自分の運命をこの家にすべてあずけてしまいます。それでは、日々、生きるという努力をしなくなってしまいます。日々、自分の思いを大切にして、自分で判断して生きていくことが私たち一人ひとりの人生の課題なのに、完璧な入れ物の中に暮らしてしまうと、その努力をしなくなってしまうでしょう。それでは、せっかく人間として生まれてきた意味がありません。したがって、そんな満点だらけの家は存在する必要がないといえます。

そして、家族や誰かと住む場合、その家がたとえ悪いものが入り込みやすいスキのある家であったとしても、互いを思いやるやさしさや愛があれば、それがその隙間を埋めるのです。結界をつくってくれるのです。

血のつながった家族であっても、どんなに睦みあっている人間同士であっても、人を思いやる余裕を持つためには、それぞれが自分の人生をしっかりと歩むことが前提です。親子であっても保護してやらなければならない子どもへの思いやりは、まず親がしっかりと自分自身の人生に向き合い、真摯に生きていくことの上に成り立ちます。

それでは、何を基準に住む家を決めればよいのでしょうか？　それは、自分の好みです。「その家が好きかどうか」、「そこに住んでみたいかどうか」です。好きだと思う家なら、今のあなたが住むのにちょうどよい家なのです。その家の弱点もちょうどあなたに合っているのです。その弱点は、あなたがその時、チャレンジする人生の課題を暗示しているかもしれません。

その家に暮らしながら、生きる努力を重ねていけば、次第にその家の弱点は補われていくでしょう。そして、ますます住み心地のよい家、愛着のわく家に進化しているかもしれませんし、そろそろ新たな家に引っ越したいと思うかもしれません。自分の成長は家の成長でもあるのです。

その家に住むのは誰でもない、あなた自身です。家に住まわせてもらうのではないのです。だから、不完全な家こそ、私たちが住むのにふさわしい家なのです。

STEP4

# 仕事が活かす自分

## 天職とは苦悩する仕事

# 仕事

自分を活かせる仕事をしたいと誰もが願います。今の職場で果たして自分は活かされているのか、ひょっとしたら転職すればもっと自分を活かすことができるのではないだろうか、何か資格を取れば自分を活かす仕事に就けるのだろうかと、悩みは尽きません。

それでは、いったいどうしたら「自分を活かせる仕事」とめぐり合えるのでしょうか。それは、「自分を活かす仕事を自らが創造していく」という考え方を持つことだと感じます。

あなたが現在、組織で仕事をしているのなら、その組織の空気をあなたもそこのメンバーとともにつくっていることになります。自分にとって居心地の良い空間か否かは、自らが居心地の良い空間をつくっているか否かと同義語です。まるで客人への配慮のように、自分のためにその空間が用意されている訳ではないのです。給料をもらうということは、その組織をメンバーとともに働きやすい環境につくり上げていく努力をする義務がありますよ、と言われているのだと思います。

自分の意見が通らないというのなら、どうやったらその意見が通りやすくなるのかを考え、その考えに基づいて実行してみる。やりたい仕事をさせてもらえないと嘆く前に、もう一度どんなことをやってみたいのかよく考えて、それをまわりにアピールする。そういった努力をするのは、誰でもなく自分自身なのです。

他人が、あなたの心の中を読んで、あなたの思いに添った仕事環境をそっと整えプレゼントしてくれることはありません。それを期待するのであれば、自分がまず動くことです。あなたが動けば、その波動を周囲が受けて変化が訪れます。その経過を観察し、なかなか自分の目指す仕事が手に入らないというのなら、その時点で転職を考えてみるのもよいかもしれません。新たな仕事の創造のために資格取得を目指してもよいでしょう。その行動は、自分の望む仕事を引き寄せてくれるでしょう。

大切なのは、自分をしっかりと持つことです。自分という主体性を持って仕事をしていくことです。自分の職場環境は自分でつくると宣言することです。

またはじめから、例えば「医者になりたい」、「弁護士になりたい」などのはっきりとした目標があるのなら、それに向かっていけばよいのですが、そんな明確な職業を目標にできない場合は、「いったいどんな職業が自分に向いているのだろうか」と考えがちです。

しかし、今ある職業に自分を合わせるという考え方は得策ではありません。確かに、そういったはっきりとした答えを得て安心したいと誰もが望みがちですが、たとえ医師免許を手に入れても、そこで医師となるのではなく、その仕事を日々積み重ねていくことで医師になっていく訳ですから、安心するにはまだ早いのです。もしかしたら途中で、もっと自分に合う仕事を見つけたいと医師を辞めてしまうかもしれません。

ここで言いたいのは、今そのようなはっきりとした職業名が、思い浮かばなくても大丈夫ということです。今、興味のあることをやってみる、何か勉強をしてみたかったら、素直にその気持ちに従って行動する、そしてそれを積み重ねていくことで、あなたらしい、あなたの仕事らしい職業名をつけることが可能となっていくのです。もしかしたら、あなたが元祖の仕事を創造するかもしれません。

現在のその職場環境も、その人間関係もすべて、あなたに「あなたが望む仕事とは何ですか?」、「あなたにとって仕事とは何ですか?」と問いかけてくれています。その答えは、あなた自身で得るものです。そして、その答えを信じることです。

仕事とは、誰かに与えられるものではありません。自分がつくり上げていくものです。

# 天職とは苦悩する仕事

先日のチャネリングで、私自身が深く納得する言葉をご相談者へお渡ししていました。それは、「天職とは、苦悩する仕事である」、「苦悩が伴わない仕事は、天職とは言わない」と伝えていたのです。

天職のご質問は、日々のチャネリングの中で大変多く承ります。そこには、今就いている仕事にやりがいを感じない、あるいは、その仕事をそろそろ辞めようと思っているが、次の仕事は、ぜひ、天職と呼べるものにしたい、などの背景があるようです。

そういったご質問から窺えることは、「天職と呼べるものに出合ったら、きっと幸せになれるに違いない」、「天職だと信じられる仕事にめぐり合ったら、今のように悩まないだろう」といった、天職に対してバラ色のイメージを持ちやすいということです。したがって、天職＝楽しい仕事、と定義づけされやすいのです。しかし、チャネリングでは、その正反対の、天職＝苦悩する仕事、と伝えています。これは、いったいどういう意味なのでしょうか。

そこで、その時に説明した内容をこれから紹介していこうと思います。

まず、「苦悩」という言葉ですが、これを悪い意味ではとらえていません。文字通り「苦しみ、悩む」ということなのですが、それを仕事で体験することに意味があるというのです。

それを体験し、乗り越えていくことによって手に入れた喜びは格別です。その喜びは感動であり、また、その感動に震える時、周囲の人々に感謝の気持ちを自然に持つこともできます。それが仕事の醍醐味です。仕事の醍醐味を体験するということは、その仕事の真髄を極めるということです。その仕事の正真正銘のプロになるということでもあります。つまり、苦しまないと、仕事で創意工夫をするチャンスは持てないといえます。

仕事で創意工夫をするということは、その瞬間に没頭するということでもあります。それを三昧といいます。仕事三昧は、仕事以外のことは考えないので、研ぎ澄まされた感性が開花し、その瞬間、私たちは宇宙とつながっているはずです。

反対に、その仕事に苦悩がなければ、それは楽な仕事といえます。楽なのはラッキーと思えるかもしれませんが、やがて「刺激がない」、「毎日同じことの繰り返しでつまらない」、「飽きた」などの不満が出てきます。そこに、仕事でのやりがいを見いだすことは至難の業でしょう。苦悩するから、その楽しさを実感できるのではないでしょうか。満喫できるのではないでしょうか。

仕事を選ぶ時、その仕事をやってみたいと思う、その仕事をしている自分を想像するとウキウキ、ワクワクする、そういった感覚を信じることは大切です。それは、まさしく自分の天職への第一歩となります。しかし、その仕事をすれば、ずっとその華やいだ気持ちが続くというのは幻想です。むしろ、やればやるほど、その仕事に精通すればするほど、苦悩が深くなる、緊張感が増す、そういう状況に出合ってこそ間違いなく、その仕事は私の天職だと信じられるのです。

また、「天職」という職業、仕事が存在するのではありません。その苦悩や緊張を乗り越えていくことによって、天職は創られていくのです。さらに、日々刻々の自らの変化に呼応して天職も変化していくはずです。その意味では、仕事を辞めること、転職することを罪悪視する必要はありません。

私は、今の仕事に日々、緊張感を覚えます。何百回繰り返しても、慣れるということはありません。よって、これが私の天職なんだと少しずつ感じ始めています。

皆さんは、いかがでしょうか。

## 苦手には才能が隠されている

これまで多くの方々にチャネリングを通してお目にかかってきて、気がついたことがあります。それは、人によっては、今後、彼らが最も苦手だと感じていることを仕事などで経験することになるということです。

ある方には、その方が属している組織の中で近い将来、重要なポストに就くだろうとお話をしたのですが、ご本人は、「そういうことは苦手だし、面倒くさいし、できればやりたくない。細々と自分の仕事をしていきたい」と言われ、セッション中は納得されていませんでした。しかし、私がそのことをひるがえさなかったので、セッション後の雑談で、その方は「そうなるのなら仕方ないですねえ」と観念され、やがて、その流れにまかせてみようかとも思い始めたようでした。

また、ある方は、今後のご自分の適職として何が向いているのかという質問をされ、私は、その答えとしてその方が最も苦手とされている「自分の考えや思いを他者に伝えること」とお答えしていました。それを聞いて、彼女は「ええー」と驚き、のけぞっていました。

私は、その日に会う方とはほとんど初対面ですし、またチャネリングを開始する前に、その方の悩みやその周辺事情をお聞きすることはありません。しかし、セッションが始まり、このようなご質問を受けると、時には、見事に彼らが最もやりたくないと望んでいる内容をお話しするということが起きるのです。

これは、彼らにとって、まさにその人生での大きなチャレンジを指していると思います。最もやりたくないこと、苦手と感じていることを、このタイミングで自分の人生に引き入れようとしている、その瞬間を迎えようとしているのが今で、そこには何か深い意味が隠されていると感じます。そしてそこには、その方々の過去の人生が大きく関わっていることも読み取れるのです。その苦手なこととは過去生からの宿題であり、それを今生へ忘れずに持ってきていると感じられます。

その方々は過去の人生で、そのことを十分にやれなかった、あるいは、寡黙な性格で、自分の考えをめったに口にしない人生を過ごしたから、今度は、百八十度方向を変えて、自分の意見や考えを述べるチャンスを得ようと計画して今生を選んだといえるのです。

苦手なことや、やりたくないことを、自分の才能だとはとても感じられないでしょうが、このように、その意味が分かれば、それさえもご自分の未開花な才能と認められるでしょう。

一方、現在、苦手だと感じることの中には、過去の人生で徹底的にやりつくしたので、今回の人生では、もうそれをしなくてもよい場合もあります。その場合は、チャレンジしない苦手なこととして、ちょっとあなたに意識される程度でとどまるでしょう。なんと私たちの人生は奥深いのでしょう。感嘆しますね。

不本意な人事異動や、配置換えなどがあなたに起こった時、そこにはあなたの未開花な才能を開花させるチャンスが含まれているといえそうです。望まない変化さえも、偶然には起こりえないのです。

「人事を尽くして天命を待つ」の精神で毎日を過ごしていれば、どのような変化にも逆らわず、その流れに身をまかせられるでしょう。そして、自身の成長とともに、自分では考えられなかった新たな才能のつぼみがその流れの中で生育し、やがて大輪の花を咲かせる決定的瞬間を目の当たりにするかもしれません。私たちの才能は、人生のいたるところで、その花を咲かせようと準備しているようです。そこに気がつくか否かは、私たちにまかされています。苦手なことにこそ、あなたの才能の芽が隠されているのです。

## 「適性」という名の呪縛

「適性」という言葉があります。それを職業と結びつけて、「適職」という言葉もあります。それらに関するご質問は、受けるご相談の中でも上位を占めます。

自分の適性、適した職業は何か。私たちは、そのことを真剣に考えます。考えすぎて、分からなくなってしまうことも多いですね。また、適性や適職を「あればいいけど、もしかしたら自分には無いんじゃないか」と悲観する場合もあるでしょう。あるいは、自分の適性や適職は、あっても、一つしかないと固定的に考えたりしがちです。しかし、これまでチャネリングを通して伝えられていることは、人それぞれの適性や適職は、そんなに狭いものではなく、またゼロではないということなのです。さらに、それらは、考えるものではなく、感じるものでもあると気づかされます。

『バカの壁』の養老孟司先生は最近の著書や講演の中で、「仕事で行った関西のあるハローワークの垂れ幕に、『自分に合った仕事をみつけよう』と書かれていたが、『自分に合った仕事』なんかない。自分は、解剖を仕事としてきたが、そのどこが、この私に合った仕事なんだ？　自分に仕事を合わせるのではなく、仕事に自分を合わせることだ」と語られています。

養老先生のこの言葉だけを聞くと、なんだか夢や希望が持てない感じで落胆してしまいそうですが、私の解釈は、養老先生が解剖を仕事にされた発端には、まず「興味」があったと思います。そうでなければ、どうして解剖を仕事にしたのでしょうか？　そういうものがなければ、解剖というものにめぐり合っていないのではないでしょうか。つまり、自分の適性を考える時、この「興味」ははずせないのです。

先生もきっと、解剖の前を素通りできなかったから、解剖そのものに関心や興味を持ったからこそ、それを三十年あまりも仕事とされてきたのでしょう。

もちろん、その三十年間には、いやなこともつらいことも数多く経験されたと思います。

次に、仕事を「自分に合った仕事」と自己中心的な視点でとらえてしまうと、そこで苦しい経験に遭遇した時、努力を何もしないで逃げ出してしまうかもしれません。しかし、その苦しみから得られる数々の気づきは、その後の仕事に大きく役立ってくれること、さらに新たな興味を生むきっかけにもなってくれることを先生は実感されているのでしょう。したがって、仕事に対して謙虚な姿勢でいる重要性を「仕事に自分を合わせる」と表現されたのだと思います。

「興味」は、冷静に考えて得るものではありません。「面白そう」、「これってどうなっているんだろう」といったワクワクした感情をともなっているものです。感じるものなのです。そして、感じることから行動は起こされていきます。冷静な判断が行動を支えるのではなく、「これが好きだ」、「やってみたい」という興味から発せられる感情が、行動を起こしていくのです。

「適性」や「適職」を考える時、自分が今、興味の持てるものはあるだろうか？　あれば、それはどういったことか、ということに視線を向けてほしいのです。どんなに将来有望な職業とされるものでも、自分がそれに対して興味や関心がわかなければ、適性があるとはいえません。純粋に、自分が興味を持てるものにこそ、あなたの適性が眠っているのです。

興味を持つものは、一つや二つではないかもしれません。それは、その数だけ、その人の適性がある、可能性があるということを示唆していると思います。もう考えるのはよしましょう。その仕事に就いたら将来安泰かどうかなんて、判断しようとしても分からないじゃないですか。「好き」かどうか、「やってみたい」かどうか、「ワクワクする」かどうか、を大切にしましょう。

自分に既成の職業をあてはめるのではなく、その興味を追究していたら、それが仕事となり、精進しているうちに、自分が元祖の職業が成り立っていたというスタイルのほうが、カッコいいし、「生きている」実感がつかめそうですよね。

自分には適性が無いかもしれない、あっても一つくらいしかないかも、といった呪縛をそろそろ解きましょう。あなたの興味が、それを解き放ってくれますよ。

## 人の魅力はギャップにある

人の魅力とは、どこにあるのでしょうか？

どんな人が魅力的な人といえるのでしょうか？

人気者になるのも異性にモテるのも、魅力がある人かどうか、が鍵となります。魅力がある人とは、容姿の美しい人を指すのでしょうか？　いいえ、ギャップの大きな人が魅力的な人といえるのです。

人は他人を見て、自分が持つ印象から「あの人は、まじめな人だ」などと判断します。人から判断される自分も、それが、例えば「頭がいい」、「仕事ができる」、「リーダーシップがある」、「面倒見がいい」、「親切だ」、「明るい」、「やさしい」、「人情家だ」など、良いイメージとなるよう、知らず知らずのうちに自らの印象をつくり上げ、それを演じ続けようとします。

自らがつくる自身のイメージと、他人に映る自分のイメージが同じというのは、安定感があって、その人間関係の中では、安心して生きていくことができます。良いイメージの印象は、その人の個性であることには違いありません。しかし、それが「魅力」である期間は新鮮なはじめの時期だけです。魅力は時間がたてば、その人のあたりまえの資質となってしまい、人の心をひきつけるパワーは失せてしまうのです。

日常生活を円滑に進めていくために、他人に植え付けている自分の印象を守ることは、ONの（公的な）場面では必要でしょう。しかしOFFの場面、プライベートにまで、その仮面をつけ続けるメリットはどのくらいあるのでしょうか？

仕事では、仕事のできるしっかり者としてクールな面を見せてはいても、飲み会や気のおけない友人との輪の中、気になる異性との間でも、それを演じ続けるのは実にもったいないことです。仕事などONの時の他人との距離と、遊びやデートなどのOFFの時の距離は同じでよいのでしょうか？

うんと距離を縮めたいと願う相手に、ONの印象のみを与えるのは相手へのサービス不足と言わざるを得ません。ONではしっかり者で通っていても、OFFでは少し甘えん坊の自分もいることを相手に見せてあげることが相手へのサービスです。

それで相手は、そのギャップに驚くと同時に親近感を得て、あなたという存在を深く理解することができます。そして、相手も一面ではなく、多面的な人間性を見せてくれるようになるのです。そこで、二人の距離はぐんと縮まるので、互いにより相手を判断しやすくなり、その後その関係をどうしていくか、しっかりと考えることができます。

人間はロボットではありません。魅力あふれる、さまざまな面を持つ複雑な生き物です。魅力のない人など、いないのです。

もし、「誰も自分の魅力に気づいてくれない」と嘆いているとしたら、それは人に良く思ってもらおうと、一つだけの自分の印象を死守していませんか? 他人に「やさしい」と思われていても、時にはプリプリ怒る自分を見せてもいいのです。いつも「控えめでおとなしい」と見られていても、「私は、こう思います」と宣言しても、誰も困ったりはしません。

その場面場面で異なる自分を表現することで、そこに生まれるギャップが、相手に驚きと新鮮さと親近感を与え、それらはすべて、あなたの素晴らしい魅力となります。

私たちは人間です。血の通った、さまざまな感情を持つ生き物です。その割り切れない複雑さが、人間の魅力といえるのではないでしょうか。ロボットではない、人間味あふれる人こそ魅力的な人といえるでしょう。

## 合格祈願の仕方

今回は、受験生向けの合格祈願の仕方を書こうと思います。

神社に行くと、おびただしい絵馬がかけられているのを目にします。その絵馬に近づいてみると、受験生が必死の思いで合格祈願の文言を書き込んでいるものも見られます。中には、受験する学校名をすべて並べて、「どうかこの中から一つでも合格させてください」と懇願しているものもあります。

以前、明治神宮に行った時も、ご神木のまわりには多くの絵馬がかけられていました。その中には受験の合格祈願のものも多数ありました。そこで、私は、ご神木からメッセージをいただいたのです。

ご神木は言います。ただ、合格させてください、といった漠然としたものは、願いとして吸い上げにくいのだよ、と。先に紹介した、受験校を全部並べてただお願いしているものも、同じ理由で吸い上げるのは難しいと言われます。

祈願には、それをする人の主体性が求められます。

受験生にとって受験突破は、それこそ神や仏にすがりたくなるほどの厳しいものでしょう。しかし、その厳しさに身を置いているのは、まぎれもなく自分自身であるということに注目してほしいのです。

「どうして、その学校を受験したいのか」ということを念頭に置いてほしいのです。そこには、将来の夢がかかっているはずです。その志望校に合格したら、何をどんなふうに学んでいくのかということも当然、志望校の選択時には考慮するでしょう。それがあって初めて志望校が決まり、その合格を手にする努力が生まれると思います。そこには、受験生の自主性、主体性が必要不可欠です。それがあれば、絵馬に願い事を書く時、内容は「私は、大学で○○を学びたいと思っています。そのために○○大学を受験します。一生懸命がんばります。どうぞ導いてください」、「私は、将来○○という職業に就きたいと考えています。そのために○○という学校を受験します。合格するよう努力します。よろしくお願いします」といったものになるでしょう。

こういった主体性のある願い事には、どんなに絵馬の数が多くても、ご神木はちゃんと気がつくのだそうです。そして、「よし、わかった」と承諾し、力を貸してくれるのです。

また、主体性のある願い事を、心を込めて絵馬に書くと改めて自分の気持ちがひきしまります。気合が入ります。それも合格への確実な手ごたえとして実感できるでしょう。

神社は、すがりにいくところではありません。自分の願いを現実のものとなるように、その思いを宣言しにいくところです。

受験生のみなさん、受験するのは誰でもない自分自身であることをもう一度確認してください。そして志望校の選択には、どうぞ自主性、主体性を持たせてください。神社で合格祈願をする時は、はっきりと志望校の合格を宣言してきてください。それが合格祈願です。

## 反対されたら、どうする？

何かを決断した時、その決意を他人に話して、同意ではなく反対された経験はありませんか？　例えば、将来の職業選択において、相手から「それはやめたほうがいいと思うよ」などと言われることです。同意されるなら、思い切って話してよかった、賛成してもらえて勇気百倍となりますが、反対されると、途端に心細くなってきます。不安になりますよね。

そこで、このように反対されたら注目してほしいところがあります。それは、その反対意見を聞いて自分の心がどう感じるのかということです。反対されて、相手の言うとおりだと納得したら、それこそがあなたの本心なので、もう一度、その決断を洗い直してみる必要がありそうです。あるいは、今は、その決意を実行に移すには時期尚早なのかもしれません。

しかし、どんなに反対されても、どうしても自分の決意はひるがえらない、その思いを捨てられない、あきらめられないというのなら、それもあなた自身の本心です。その決意を尊重して突き進めばよいでしょう。

反対をしてくれる人々は、あなたの決意が本物かどうかを、あなた自身に問いただしてくれる恩人です。その人に反対意見を言ってもらうことによって、その決意の本気度があぶり出され、私たちはそれを直視せざるを得なくなります。同意してもらうより、反対してもらったほうが、決意の確かさを自分自身で実感できるので、その意味では反対してもらうことは、大変ありがたい行為だともいえます。

どんなに反対されても、それを実行しようと思えるならやるべきです。その鮮やかにあぶり出されたあなたの本物の決意は、もはや隠しようがありません。仮に、その本心を無理やり感じなかったことにして、その反対意見に沿った生き方をしようとしても、その時々で、抑え込んだ本心がむくむくと頭をもたげてきて、気になって仕方がなくなります。すると、いつまでも心はモヤモヤと晴れません。心が晴れないまま生きることは苦痛です。

その苦痛を取り除くには、もう一度、抑え込んだその本心に登場してもらって、それにしっかりと向き合う必要があるのです。

数々の反対に遭うことによって、その決断がますます強くなるのなら、それは、紛れもなくあなた自身がやりたいこと、やらなくてはならないこと、なのです。この状況なら、誰でも「背水の陣」で事に臨めます。あとには一歩もひけない状況ですから、前進するしかありません。つまり、その決意を基にして行動していくしかないのです。

その時のあなたは、本当に、本気です。本気のあなたは、行動の途中途中で、いろいろなことを自らの頭で考えます。そして、考えたことを実行に移していきます。そこに、その人らしい創意工夫が生まれます。

また、本気のあなたは、誰かに協力を求める時も本気なので、それは相手にもビシビシと伝わり、協力者として最適任者をあなた自身が選び出していきます。それは、まさに自分自身で自分の道を開拓していくことです。私らしい生き方をしていくことです。そして、その道は、間違いなくあなた自身の「成功」へとつながっているのです。今の世の中、なかなか本気になれることは、見つけにくいですね。

全身全霊を傾けて熱中できるものを探している人は大勢います。ふと誰かに自分の決意や考えを話したくなったら、がまんしないで言ってみてください。そこで、相手に反対されたら、チャンスです！　その反対意見を聞いて、どう感じるか、自分の心をよく見てあげてください。

反対されても、されても、それをやりたいと思い続けるのなら、「GO！　サイン」を出しましょう。そこから、本気のあなたが目覚めます。熱中人生が始まるのです。

# 「～しよう」健康法

私たちは、よく「○○しなければならない」と言います。「明日までに、この仕事を仕上げなければならない」、「今日中に、この宿題を終わらせなくてはならない」などなど。

軽く言う場合もありますが、この言葉を自分に投げかける時は決まって自分への命令です。「明日までにこの仕事を仕上げろ」、「今日中にこの宿題を終わらせろ」というように。

この言葉で、それまでだらけていた心がシャキッとするという効用はあるかもしれません。自分自身に活を入れるという効果もあるでしょう。しかし、私が日ごろ行なっているチャネリングの中では、相談者に対して、こういった「～ねばならない」という語句は一切使われてはいません。そのためセッション中は、とても明るいエネルギーがあふれています。

このことから考えると、本来こうした強い語調は私たちには必要がないのかもしれません。自分であっても、自分自身に命令することは何もないということではないでしょうか。命令されて動くことは、心が喜びません。ウキウキ、ワクワクしません。

「明日までに、この仕事を仕上げよう」、「今日中に、この宿題を終わらせる」という言葉に置き換えてみると、心の状態が違ってきます。そこには、自主性が感じられます。自分がそう決めたんだという意志が感じられ、そのことを楽しんで行なえそうな予感がします。

また、それをするのもしないのも、自分が決めることなのです。その点で、私たちは自由です。そして、その自由を満喫するには、こういった自主性が不可欠です。「～ねばならない」と言った瞬間に心は固まってしまいます。その重圧に心が押しつぶされそうになるかもしれません。

心が硬くなってしまうと、創造性あふれる発想などは顔を出せなくなります。しかし、それを「～しよう」と言葉を置き換えるだけで、心はのびのびと広がりを見せるようになり、そこには、豊かで柔軟性のある発想が顔を出しやすくなるのです。

心がのびやかになれば、私たちは悪いストレスから解放されます。健康に恵まれるのです。私たちは、本来自由です。その自由を満喫するか否かも、自由に選べるのです。「～ねばならない」と言った時、思った時、「～しよう」と言葉を置き換える健康法を試してみてください。きっと、あなたは、みずみずしい感性と健康を手に入れ、そして、生きていることの素晴らしさ、ありがたさを実感するでしょう。

STEP5

# 新・主人公宣言

Ｏｎｌｙ　ｏｎｅの重さ

## 成長と変化

この世に生を受けた以上、日々成長していきたいと願います。日々後退していきたいと願う人はいないでしょう。

成長とは、何を指すのでしょう。どういうことを言うのでしょうか。

私は、成長とは変化することだと感じています。日々、成長していくことは、日々、変化していくこととイコールだと思います。つまり、昨日の私と今日の私は違っていてよいということです。昨日の思考と今日の思考が百八十度違っていても大丈夫、それは成長している証しなのです。

私たちは、よく自分の性格を分析しますよね。明るい性格とか、社交的だとか、やさしいとか、面倒見がよいとか、こういったプラスのイメージの性格分析は問題ないのですが、暗いとか、何でも悪い方向へ考えてしまうとか、引っ込み思案などのマイナスイメージの性格分析や、自分のことをすぐ「私ってバカだから」と卑下したりするのは、問題ありです。

こういったマイナスイメージの分析は、本人が自分にそういうレッテルを貼り付けているのです。そして、他者にそう明言することで本人は安堵します。そのレッテルで自分を守った気分になっているのです。そこには、変化はありません。成長はありえないのです。

性格は不変ではありません。そのレッテルは自分で剥《は》ぎ取ることができます。なぜなら、そのレッテルは誰でもない自分が自分に貼り付けたものだからです。もし、あなたが変えたい性格や思考があるのなら、変えればよいのです。そのレッテルを剥がせばよいのです。

そのためには、その時々に感じるものをそのまま素直に認めてあげることが求められます。たとえ過去に感じた同じものに、今、まったく異なる感じ方をしたとしても、それはそれでよいのです。決して「おかしい」と疑ったり、不安になったりする必要はありません。疑ったり、不安になったりして、そのレッテルをもう一度自分に貼り直したら、そこで成長はストップしてしまいます。レッテルを剥ぐのは少し勇気のいることかもしれません。それまで慣れ親しんだ自分に別れを告げ、自分でも予測不能な未知の自分に出会う旅に出発するようなものですから。

しかし私たちの肉体は、日々新陳代謝を繰り返しています。そのおかげで、健康でいられます。であれば、日々刻々、性格や思考が変化しても、どこに問題があるというのでしょう。むしろ変化することこそ自然です。嫌いな自分に別れを告げ、好きな自分に出会うことは、変化という成長過程の中で実現可能です。

最近、娘が血液型の性格診断に凝っています。私はA型なのですが、娘のそれでは、診断不可能のようです。およそA型らしくない言動をする時もあるし、反対にA型らしい要素も私の中に発見できるようで、彼女は混乱し、しかしなかば強引に、「お母さんはA型だ」と自分を納得させようとしています。私は、A型というレッテルも自分に貼りたくないのです。娘には悪いけど、私はA型でもあり、O型でもあり、B型でもあり、AB型でもあるのです。

# 悩める時間

悩みの渦中にいるのは大変つらいことです。この苦しさから早く逃れたい、早くその泥沼から這い上がりたいと誰もが思うでしょう。また、どうして自分はこんなにもウジウジと悩んでしまうのだろうかと、そんな自分にウンザリするかもしれません。

私たちは、悩むことを良いこととととらえていません。悩むことは、人生の障害にぶつかることのように感じてしまいます。障害のないストレートな道をスイスイと進むことが理想と感じているので、悩むというスランプは早く克服しなければならないと焦ります。

しかし、今、悩んでいるのは事実です。悩むことができるから悩むのです。悩まないで済む時は、悩もうと思っても悩むことはできません。すると、今、こんなに悶々と悩むことは必然であり、自然な成り行きだといえます。今、悩みの泥沼にはまってしまって身動きが取れない苦しさを味わっているのなら、いっそのこと、もっとその深みにはまってしまいましょう。体の力を抜いて、なんとか這い上がろうともがくのをやめてみましょう。

悩みにランクはありません。ちっぽけな悩みでも、重い悩みでも、悩みは悩みです。また、悩みやすい自分と、悩むこともなさそうな、はつらつとした他人との比較にも意味はありません。その比較から他人を羨んだり、自分のみじめさを感じたりしても、持ってしまった悩み自体は消滅しません。あなたが、あなたらしい、あなたしか持つことのできない、あなた色の悩みを持っていることにこそ意味があります。

悩みを持つことを通して、先へ先へと生き急いでいたあなたに「待った」がかかります。そこには、見落とすことのできない、あなたにとって重要な人生の気づきのヒントが隠されています。悩みは、そのヒントを携えてあなたの心にやってくるのです。

悩むことで、これまでの人生とは違った新たな人生への軌道修正、進路変更ができることも多いのです。また、その人の本来の使命に気づかせようと、大きな悩みが立ちはだかることもあります。

悩みは障害ではありません。悩みは気づきの宝庫です。そして、人生のその時期に悩むことが許されているから悩むのです。悩める時間は、人生に許されたぜいたくな時間です。悩む時間はちゃんと用意され、確保されているのです。ゆえに、悩みから解放されて、その悩んだ時期を振り返っても、決して無駄な時間を費やしたと後悔する必要はありません。充実した、十分な時間だったと胸を張ればよいのです。

人生を走り抜けていく時もあるのなら立ち止まる時期もあります。立ち止まって、じっくりと自分自身を観察する時期、それが悩める有意義な時間でしょう。

悩むことを恐れないでください。悩んだら、堂々と人生を立ち止まってください。その時間を持つことは許されています。あなたのためだけに許された時間が、そこに用意されているのです。

## 白黒つかない時もある

ご相談を受けていると、気になっていることや心配なことの結論を早く手に入れたいと願ってここへ来られたのだなと感じる時があります。そういった方々は、「いったいこの問題はこの先どうなるのか」という不安と、「できるなら良い結果になってほしい」という切願を抱いて、ご質問されるようです。

すぐに結論が出せる問題なら、わざわざ私と会って、質問する必要はないでしょうから、やはり、なかなか結論を導き出せない苦しい問題を抱えて私を訪ねてくださるのでしょう。

そこで、よく「はっきりとした結論である白と黒の箱をイメージしてください。その二つしかない箱に、その問題の答えを無理やりあてはめようとしても、今は、やはり無理ですよね。その問題を考えれば考えるほど、答えの見つからない混沌とした暗闇にはまりこんでしまう感がありますよね。だったら、その白と黒の箱の間にもう一つ箱を置いてみましょう。その箱は白でもなく、黒でもない箱です。でも、いつか必ず結論が出る箱です。今は、その箱の中に、その案件を入れておきましょう。時が来たら、白か黒のどちらかに色が変わっているはずです」と申し上げています。

これだけを聞くと、チャネラーとして私は何も仕事をしていないように感じるかもしれませんが、これもれっきとしたメッセージなのです。

その問題に対して、解決のヒントや、その方がその問題を整理して考えやすいように、その発生要因をお話しすることはあります。しかし、先回りをして、その解決の方向を指し示すことは一切ありません。なぜなら、宇宙の高次の存在であるガイドは私たちの思考を優先してくれますし、その人生を自分なりに精一杯生きることは、自分のハイヤーセルフと仲良くなることでもありますから、ガイドは、そこに邪魔をするような、やぼなことはしないのです。

私たちは、いつからすぐに結論を出すことを望むようになったのでしょうか。受けてきた学校教育も、動作が機敏な子は利発とほめられますが、そうではない子は、なかなかほめられません。勉強も、すぐに答えを言える子のほうが優秀と判断され、親もそういう子だと安心します。

それは、いつも「早く、早く」と生きることを急がされているようで、知らず知らずのうちに自分自身も、生き急ぐことに慣れてしまいます。でも、そもそも生き急ぐ必要はあるのでしょうか。

人生って、いったい誰のためのものなのでしょう。自分の人生なら、自分の歩幅で歩いていけばいいのではないでしょうか。時には走ることもあるけれど、立ち止まって、じっくりと内省する時間も必要かもしれません。

私とお会いする方々の多くが、それまでは人生を快調なペースで走ってきたのに、すぐに結論を出せない問題を抱えてしまって、そこに立ち止まってしまい、慣れていないその状況に面食らい、えたいの知れない恐怖感を抱いてしまわれているようです。

しかし、人生に必要のないことなど起きるはずはありません。

すぐに白か黒かの結論が出る問題も、その人生に起こるのなら、なかなか結論の出ない問題も、その人生に生じる意味があるといえます。

答えの出ない生き地獄のような状況に今いると感じても、その問題を、白と黒の間に置いた「いつか白か黒になっている箱」の中に入れてしまいましょう。そして、「大丈夫。その時が来たらなんとかなってるから」と自分に言ってあげましょう。

人生には、すぐに白黒つく問題もあるけれど、そうではない問題もあると知っていたほうが、あるいはその両方が自分の人生に起こり得ると、考え方の間口を広げておいたほうが楽に生きられます。楽に生きると、人生に泰然と向き合えます。すると、焦らないので、今、この瞬間に生きられます。

その瞬間に生きるということは、そこで感じる自らの思考を肯定し、それに則った行動を取ることを意味します。さらに、その瞬間に生きる自分が、どんな状況にあるにしても泰然としているので、やがて訪れる結果の良し悪しなどまったく気になりません。

それが実現できたら、文字通り「人生は喜びに満ちている」と言えますね。私も喜びの多い人生を送りたいと思います。

## 劣等感

心が苦しい時は、劣等感にさいなまれていることが多いようです。どうして私はいつもこうなんだろう、どうしていつもこうウジウジと悩んでしまうんだろうなどとつらく考えている時は、はっきりと意識していなくても、身近にいる友人や同僚と自分を比較していることが多いといえるでしょう。それが、劣等感というものです。

多くの人々に囲まれて生きている私たちは他人を意識しないで生きることは到底できないことです。恋愛にしても、仕事にしても、趣味にしても、私たちが営んでいる生命活動のあらゆることは、他人との関係がなければ成り立ちません。そこで皆と楽しく心をはずませて生きていくことができたら、ずっとそれが可能ならこんなにうれしく楽なことはありません。しかし、ふとした瞬間に他人との比較から自分の力不足を実感したり、失恋や悲しいことがあった時、私たちの気持ちは落ち込み、劣等感にさいなまれてしまいがちです。

そんなつらい劣等感を持ってしまった時、私たちはどうすればよいのでしょう。持ってしまった劣等感を持たなかったことにしようというのは、とても無理です。劣等感に気づかないふりをすることも不可能です。ならば、劣等感を持っているという現実をそのまま受け入れてしまいましょう。それは苦しいことかもしれませんが、今、その劣等感を持つことに意味があるのです。劣等感万歳なのです、本当は。

持ってしまった劣等感をそのまま認めたら、次は、その劣等感は他の人たちから直接自分に与えられたものではないということに気づきましょう。どんなにひどい劣等感であったとしても、それはあなた自身の気持ちです。劣等感を抱く原因となった誰かがいたとしても、いきなり、その人から直接そのつらい思いをぶつけられたのではないのです。その人との出会いや関係から、劣等感といわれる思いを自分の心に芽生えさせたのは、誰でもない自分自身なんだと自覚しましょう。

さらに、その劣等感の中身をよく観察しましょう。どんなことに劣等感を持ってしまったのでしょう。その内容をよく見てみましょう。実はそこに、あなた自身の本当の願望や、これからより自分らしく生きていくためのヒントが隠されているのです。

自分の将来をパパッと決めていく友人を見て、うらやましく思い、どうして自分は将来を考えようとすると、迷路をさまようような苦しい状態に陥ってしまうのか。こんな優柔不断な自分は嫌だと劣等感を持ってしまったら、それは、今、自分の将来について時間をかけて真剣に考えたがっているのだととらえてほしいのです。

次々と恋人が出来るチャーミングな友人と比較して、自分は男性にもてない、女として魅力がないと劣等感にさいなまれたら、それを機に自分はどんな恋愛をしたいのか、自分が理想とする異性はどんな人なのかを考えることができます。あるいは、今、本当に恋愛をしたいのか、それを心から望んでいるのか、いないのかもチェックできます。

劣等感は一見、否定的な言葉で、できればそれを持ちたくないと誰もが思うでしょう。しかし、その感情を持つことに大きな意味があると感じてほしいのです。

劣等感は多くの他人とともに生きていく私たちだからこそ、持ち得る感情です。その刺激から、私たちは、これから目指す本当の自分と出会えるともいえるのです。

# 自分が一番好き

今、あなたは好きな人がいますか？　そう聞かれたら何と答えますか？　あなたの心をせつなくさせているあの人のことを思い浮かべるでしょうか。そういう人がいない場合は、答えに困るかもしれません。

好きな他人がいる人もいない人も、もしこのような問いを投げかけられたら、まずは「私が好きです」と答えていただきたいのです。

今、自分のことを好きだといえる人はそう多くはないでしょう。自分よりも才能がある、自分よりも実力が上と感じる人を目の当たりにすると、自分が小さく見え、そんな自分をとても好きとは言えないかもしれません。劣等感は、他者との比較から生じます。しかし、私たちは皆、自分自身の人生を体験するために、この生を選んできました。ですので、劣等感さえも、それをよく見つめることで、さらに自分を成長させることが可能になるのです。

私たちは皆、「私そのもの」を体験することが今生の目的です。だからこそ、その性で、その顔で、その背の高さで、その声で、その性格で、その嗜好、思考なのです。そこで、自分のことをきらいと言ってしまったら、その目的は果たせなくなってしまいます。今の自分をありのまま、そのまま認めて、自分のことを「好き」と言ってしまいましょう。今の自分に自信が持てなくても、容姿や性格が気に入らなくても、それは、これからもっともっと自分のことを好きになっていくための成長過程なのだと思ってほしいのです。

自分のことが好きなら、他人に過度の期待を持ちません。すると人付き合いが楽になります。恋愛においても、相手に自分の欲求ばかりをぶつけなくなります。例えば相手に「やさしくしてほしい」と望んでいても、そんな自分のことが好きなら相手を思いやる余裕があるので、相手がツンツンしていても「何かあったのかな」と考えられます。しかし、自分のことを好きではなく、自分を粗末にしている人は、自分の期待通りに相手が動いてくれないと落胆して怒ります。そして、相手のことを「期待はずれ」とか、「あんな人とは思わなかった」などと悪く思ってしまうのです。

自分を好きになることは、この人生を謳歌すること、この人生を選び取った自分の使命を果たすことにつながります。もし今、気に入らないところがあるのなら、自分が気に入るように直せばいいのです。あくまでも自分が気に入るように、です。他人に気に入ってもらうように、ではありません。

私たちの人生は、私たち一人ひとりが、おのおのの人生を歩んでいくことに意味があります。どんな自分でも世界中でただ一人です。その貴重な自分を好きになってあげてください。そうしたら、自然にまわりの人々をそのまま認め、許せるようになります。すると、真の平和が世界中に広がっていくでしょう。

また、誰もが自分のことを素直に好きといえる環境をつくるには、親の子どもへの接し方が重要です。親が「あなたが大好きよ」、「そのままのあなたが好き」といった言葉を子ども達に常に投げかける必要があります。「テストで良い点を取ってきたから好き」、「親の言うことをよく聞くからかわいい」といった条件つきの愛情は親のエゴであり、真の愛ではありません。そういう親に育てられてしまうと、子どもは成長しても、目上の人間の機嫌を取ることに必死になり、その人に叱られたりすると、自分で自分を全面否定してしまいます。そのため、なかなか自分自身を好きにはなれません。また、自分のことを自分で考え、実行するという主体性も備わりません。親の役割は、無条件に子どもを愛することに尽きます。

もう大人になってしまった私たちは、親の愛に恵まれても恵まれなくても、過去には戻れません。過去を憂うより、今の自分を「好きよ」と言って抱きしめてあげましょう。そして、過去も含めた自分自身の体験を深めていきましょう。それが、今を生きる私たちの人生の歩き方です。

# 自力と他力

今、多くのご相談者とお会いして、実感していることがあります。それは、「対極にあるもの同士は、同時に存在する」ということです。それを、五木寛之さんは、確か「スウィングする思考」と表現しておられたと記憶しています。

今回は、その観点から「自力」と「他力」について書きたいと思います。どちらも仏教的な意味もありますが、自力を「自分自身の力」、他力を「他人からいただく力」と解釈すると、自力がある人には、同時に他力にも恵まれると実感するのです。

現代の日本は、本当に豊かです。明日のご飯を心配することもないし、寿命はとても長いし、インターネットの普及で、いながらにして欲しい情報も瞬時に手に入ります。

昔なら、実体験でしか理解できなかったことが、多くの情報を得ることで、未体験のことも一応、頭では理解することができます。すると、自分の人生を考える時、その情報網を駆使して、なるべくリスクの少ない生き方をしたい、損だと思うことや危険なことは、できるだけ排除して安全な道を歩いていこうとしがちです。しかし、いくら情報を集めても、「これが私の歩む道」と確信できる答えを見つけ出すことはかなり難しいでしょう。それは、自分の未来を鮮明に見ることは不可能だからです。

その環境の中で、ご質問が、「私は、どんな仕事をすればよいのでしょうか？」、「私の適性を教えてください」となるのは仕方がないことだとは思います。

しかし、それを探求し、追求していくことこそが、その人にとっての人生の醍醐味となるはずです。そのためか、それに対するメッセージは、ヒントとなるようなことはお話ししているようですが、「ああしなさい」、「こうしなさい」といった先回りするような指図は、一切出てきません。

自由で、情報量の多い豊かな国に生まれた私たちの使命は、誰もが、自分の人生を自分の足で歩いていくことにあると感じます。もし生きることに必死な状況のところに生まれていたら、自分の生き方にこだわるゆとりはないはずです。私たちは、わざわざ豊かなこの国に生まれ、大きなゆとりの中で自分はどう生きていくのかを課題にしているのです。それを追求するために、この国に生まれることを選んだのでしょう。

そこで、自分の心にしっかりと向き合って、自分の声を聴くことが「自力」への第一歩となります。そして、興味が持てること、やっていて楽しいこと、やってみたいと思うことを自分の才能、適性ととらえて、それを追求していくことが自力を信じることであり、また自力を育てていくことにもなります。そうすれば、同時に、あなたと接する人々からの何気ない言葉やヒント、さらに援助やアドバイスといった他力を十分に得ることもできるのです。なぜなら、自力は他力と共に存在するからです。

逆に、自分に自信がなくて、人の言うことを鵜呑みにし、力のありそうな頼りがいのありそうな人の言うことにただ従うことは、自力があるとは言えませんので、他力も引き寄せることはできません。

また、自分をしっかりと見つめない人は、自身のことでも常に他人事なので、他人からどんなに意味のあるヒントをもらっても、それを自分のこととして活かしていくことはできないのです。さらに、自力が伴わない場合は、自分を信じることができないので、他人も信じることはできません。そうなると、他人に対して役に立てない、つまり他人への他力を発揮できないともいえるでしょう。

この豊かな先進国に生きる私たちは、自分の人生にこだわることができ、自力と他力を思う存分発揮できるのです。私という「個」は、自力を実現させ、同時に他力を他人にあげることもできます。それは、「個」を生きると同時に「全体」のために生きることでもあるのです。「自力」＝「他力」、「個」＝「全体」です。日本人である私たちが自力を磨けば、地球上の国々への他力となれるとも思うのです。

## 細胞は心の声を聴いている

暑い夏、この過酷な状況に体力を奪われ、夏バテしている人もいるでしょう。

いつも「元気ハツラツ！」といきたいところですが、病気になってしまう日もあります。

先日も、中学時代の友人が、それまで看護師としてがむしゃらに働いてきたけれど、子宮筋腫が見つかり、子宮全摘の手術を受けたと連絡がありました。中学の頃から、どんなことでもがんばる人だったから、これまで暇なんかぜんぜんなくてがんばり通したんだなと思いました。しかし、彼女の入院で、夫と中学生の子どもたちが家の中のことを協力してやるようになり、それがうれしかったと言っていました。私は、一カ月間入院するという彼女に、「それはごほうびだから、ゆっくり休むのよ。休む自分を許してあげるんだよ」と言っておきました。

チャネリングを受けに来る方の中にも、お体の不調を訴えられ、その原因を知りたいと言われる方があります。それに対して、どんな不調や病気でも、そこにはちゃんと理由が存在しますと返答しています。換言すれば、その理由の存在に本人が気づく必要があるから、わざわざ不調や病気を体験するのです。だから、その不調や病気を嫌ってはいけません。

また、そんな不調や病気になった自分を情けないと卑下することもナンセンスです。むしろ、それを体験し、その意味を知ろうとしている自分には、その先に大きな魂の成長というチャンスが待っていると喜ぶことです。

大病を患うと、「どうして私だけがこんな目に遭うの？」と、自分の運命を呪いたくなります。また、その病気を治してくれるお医者様を必死で探します。あるいは、病気に効くと耳にすれば、どんな民間療法でも試してみたくなります。

その努力は、否定されるものではありません。しかし、一番大事なこと、決してはずしてはならないことは、それを実行するのは、いったい誰なのか？という問いかけです。そのお医者様の言うことを聞くか聞かないかは、その療法を受けるか受けないかは、その病気を抱えているご本人が決断することです。どんな名医であっても、お医者様があなたの病気を完治させるのではありません。どんなに多くの人々が、その療法で治ったとしても、ご自身がそれを本気で受け入れようと思わない限り、効果は出ません。

私たちの体には約六十兆個の細胞があるそうです。その一つ一つが、常に、私たちの心の声を聴いています。まわりから勧められた病院でも、医者でも、療法でも、そのご本人が心からそれを受け入れようと決めない限り、体の細胞たちも、それらを受け入れません。反対に、ご本人が信じ決断したことは、細胞たちもすべて受け入れていきます。つまり心と体は一体です。心が信じないことは体も信じません。自分の思考を信じ、行動することができれば、必ず人生は前進します。

病気や体の不調は細胞からの声です。その声を無視してしまうと、もっと大きな声を上げて病気を重くします。少しでもその声に気がついたら、休みましょう。そして、「どうしたの？」と体に聞いてあげてください。その問いかけに反応して自然に出てくる言葉が、その原因を語ってくれます。その言葉を信じましょう。

さらに、回復のために薬を飲む時は、弱っている体の箇所や臓器に手を添えて「これから薬を飲むよ。よくなろうね」とやさしく声をかけてあげましょう。そのやさしい声は細胞に届き、彼らは自分たちの訴えが伝わったことに安堵し、働きを活性化してくれます。それを「自然治癒力」と言います。

病気になることを恐れるのではなく、いつでも自分の体の細胞の声を聴く準備はできていると、自分に言っておきましょう。そうすれば、どんな時でも自分の思考を信じられ、それに則った決断ができ、それに細胞たちも従ってくれます。

西洋医学か東洋医学かの選択ではなく、それら全体の中から取り入れたい治療は何かを自分の心に問うてください。

大丈夫。自分が信じられる治療なら、細胞は喜んで、それを受け入れ、あなたの自然治癒力を高めてくれます。

## 願望との付き合い方

私たちは、日々さまざまな願望を抱いています。願望を持たない日はないといっても過言ではないでしょう。願望を持たなくなる日は、もう人間を修了する時か、この人生を終える時でしょう。

すると、願望は明日へのエネルギー源であり、私たちの命の支えであり、生きがいを創造する源でもあるといえそうです。願望があるからこそ、明日も生きられるのですね。

私には、私独自の願望があります。あなたには、あなた独自の願望があります。人それぞれ、自分の今の状況に合う願望を抱き続けているのです。願望は、その人その人の人生を映す鏡でもあると感じます。

ならば、自分が抱いている願望に注目することは無駄ではないでしょう。そうすることで、現在の人生の課題が分かると思います。どうしてそんな願望を持っているのか、じっくり自分に聞いてみるのです。例えば、「スリムになりたい」という願望を持っていたら、「どうしてスリムになりたいの？」、「スリムになったら何がしたいの？」と、自分に問いかけてみるのです。そして、その答えを思いつくまま、どんどん出していきます。それに付随して思うこと、感じることがあれば、それも全部出します。

その作業に集中できれば、それはあなたにとって叶えることができる本物の願望といえるでしょう。しかし、その作業の途中で気分が乗らなくなったり、飽きてきたら、それは今の時点においては叶う必要のない願望かもしれません。

あなたにとって本物の願望は、それを思考している時、心が躍ります。ウキウキします。そして、次々と連想ゲームのように、その願望にまつわるイメージも浮かんでくるでしょう。具体的に、いろいろなことが想像できるでしょう。

具体性のある願望は、実現可能な願望です。あなたがあなたの手でつかみ取れる現実です。それは決して、誰かに叶えてもらおうとは思わないはずです。自分の努力を通して、その願望が叶っていくプロセスをも楽しむことができます。

あなたが、あなたの手で叶えていく願望は、あなたの人生をダイナミックに形成していきます。

## お金に愛を

私たちの多くは、お金に対してあまり良いイメージを持っていないのかもしれません。お金のことばかりを口にするのは、下品だし、はしたないし、「お金より大切なことがある」と誰かに言われたら「そうだよなあ」と自分を納得させがちです。

しかし、お金に関心を抱かない人はいないでしょう。仕事を探す時も報酬の額に目がいかない人はいないだろうし、給料も昇給したらやっぱりうれしいし、残業手当がつくから残業をするという人もいるかもしれません。

数日前まで私も、お金については、このような後ろ向きのとらえ方をしていたと思います。「私のお金は豊かです」などの、お金にまつわるアファーメーションを何度唱えても、どこか嘘っぽく、唱えれば唱えるほど言葉が上っ面をすべっていく感じでした。それが、ある方のご相談を受けて、「目からウロコ」状態になったのです。

それは、「お金に困っている現状ではないので、深刻にお金のことを悩んでいる訳でもないのだけれど、お金をどうも毛嫌いしてしまう。どうしてなんでしょう」と質問されたのです。

それに対し、私は「それはお金が好きなのに、お金のことを好きと思ってはいけないと、自分の心にブレーキをかけている反動です。他人に『私、お金が好きなの』と言う必要はないのだから、自分に向かって『私、お金好きなのよね』と言ってあげてください。そうすれば、お金が好きと感じている自分を肯定することになって、それは、自分自身を好きになることにつながるから、お金が自然にあなたにやって来ますよ」と答えていました。

その返答を自分も聞きながら、「そうか、お金が好きなのに、好きじゃないって無理していたんだ。だから、なんかお金に対しては、明るく考えられないことが多いし、お金の話題には身構えて緊張してしまうんだ」と、深く納得したのです。

以前、新札を手にした娘が「お母さん、このお札、きれいだね。外国のお金に比べたら、日本のお金はすごくきれいだし、ザラザラしてないし、すごいよね」とうっとりしていました。そこには、お金に対する慈《いつく》しみ、愛がありました。

お金に縁が薄い人に欠けていたのは、このお金に対する愛なのです。

愛が無いのに、お金への執着心を持ってもお金は私たちを好きになってはくれません。

これは、その人へ愛を渡せないのに、自分の利益のために引き止めておこうという打算で、その人に執着しても、彼は自分の思い通りにはなってくれないこととイコールです。

お金に対する人間の執着心ばかりが世の中に横行したので、「お金は汚いもの」、「お金のことを言う奴は人間のレベルが低い」と語られるようになったのではないでしょうか。

しかし、お金が無くては生活できません。私たちは、お金をきらいになんかなれません。

だったら、「お金、好き」、「お金、大好き」、「お金、ありがとう」と言ってもまったく問題ないですよね。試しに、ちょっとそんなふうに言ってみてください。スッキリしますよ。

なんだか心が軽くなって、楽しくなってきます。きっと、お金もそんなふうに言われたら、私たちのことをきらいにはならないでしょう。

お金を好きと思う自分を肯定すれば、日々の自分の言動に自信が持てるでしょう。日々の生活にお金は密接に関わっていますので、自信のあるあなたには望む金額がやってくるでしょう。

私も今日から、お金を好きな自分を肯定します。そして、お金とともに心豊かな人生を送っていこうと思います。これからの自分が楽しみです。

さらに、一人でこっそりと「お金が好き」と言うのではなく、まわりの人々と一緒に「お金、好き、大好きだよね」と言い合えると、もっともっとお金が私たちの間をスムーズに循環してくれて、名実ともに「豊かな社会」が形成されていくのではないかと思います。

# 布施

昨秋から私は「仏教」を学びたくて、月一回のペースで講座に通っています。私は仏教高校を出ているので、一応、その頃、般若心経の読誦、写経などの経験はしたのですが、教義を理解しようという関心や努力は皆無でした。しかし今、いろいろな人生のご相談を受けていて、自分の心の引き出しを増やしたいという思いがだんだんと大きくなり、講座に通うことにしたのです。

仏教的には、私たちが住む煩悩の世界を「此岸（しがん）」と言います。そして、煩悩から覚めた悟りの世界を「彼岸（ひがん）」と呼びます。私たちは、此岸から船に乗って彼岸にたどりつこうと努力をするのですが、その方法の一つに「布施（ふせ）」があります。

先回の講座で、この「布施」の話を聞きました。そして、大いに感じ入ることがありましたので、今回は、その話を書かせていただこうと思います。

「布施」とは、まず、人に何かを差し上げることを指します。お中元もお歳暮もクリスマス・プレゼントもお年玉も布施ですね。あげる人が、そのプレゼントを手にして喜ぶ相手の姿を想像することは、とても楽しいことですし、先様の幸福を願って贈り物をするという行為は、徳の高いものだと思います。

しかし、布施は、ただそれだけのことを言っているのではないのです。布施とは、「何かを差し上げる人」、「それを受け取る人」、「そこに介在する物」すべてが清らかでなければ成立しないと教えていただきました。

相手の幸福を念じて贈り物をするなら、それは清い行為でしょう。また、それを喜んで受け取ることができたら、それは布施を実行したことになり、その贈られた物が、盗まれたものや誰かの犠牲で成り立つものではなく、贈る人の真心がこもっている物なら、布施は成立するのです。

しかし、現代は、人に物を贈る行為は容易でも、「人から物をもらうこと」の難しさを実感する時代です。例えば、お歳暮をいただいた時、箱の中身を開けて見て、「なんだあ、こんなもんか」と落胆したことはありませんか？　不満を口にしたことはないでしょうか。それでは、布施にはなりません。物がありあまって豊かすぎるこの国に生きる私たちは、その点を大いに反省しなければ、彼岸にはたどりつけそうにありません。

高校時代、この布施については、「物をもらっていただくことに感謝せよ」と言われ続けていたことを思い出し、今、そのことこそが布施の真髄なのだな、素晴らしい精神性を教えていただいていたんだなと気がつきました。もし、いただいた物が気にくわなくても、「ありがとうございます」と開口一番に言えたら、どんなに素晴らしいでしょう。そこには、相手を思いやる心の豊かさ、ゆとり、余裕が感じられますよね。

一方、自分にとっての損得ばかりに気が向いていたら、どんな物をいただいても、すぐに「ありがとうございます」が口をつくことはないでしょう。まず、値踏みをし、それが自分にとって役立つのかどうかをチェックし、無用と分かれば、たとえ不満を口に出さなくても、必ず顔にありありとその不快な感情が浮かび上がってしまいます。それは、なんだかギスギスして、自身の幅を狭めて、生きにくい感じがします。

何よりもまず、「ありがとう」と感謝できたら、そこに幸せを見つけることができると思いませんか？　「ありがとう」の言葉を発する時、私たちの顔の表情は、いきいきと輝くことでしょう。その度に、新鮮な幸福が宿り続けるにちがいありません。

相手のことを思って差し上げる、それを「ありがとう」と受け取る、そして、その両者をつなぐのは、清らかな真心のこもった物という布施を本当に実行できたら、私たちの心には、ゆとりや平和、幸福感が満ちるでしょう。

それは生きにくい世の中を、生きやすい、やさしさがあふれる社会へと変化させる力となるはずです。

大人である私たちが、まず、布施を実践していきたいですね。そうすれば、必ず、次世代を担う子ども達が、それを引き継ぎ、真に豊かな社会の扉は開かれ、人類は進化の階段をまた一つのぼるでしょう。

# 無心になる家事のすすめ

先日、私が属しているある勉強会で神田明神の掃除が企画され、私も娘と参加しました。朝六時三十分に神田明神に集合ということで、間に合うように家を出たのですが、電車を降りてから道に迷い、十五分遅刻をしてやっとたどりつきました。その時は、先に掃除を始めていたメンバーに申し分けない気持ちで、そそくさとほうきを二本つかみ、一本は娘に手渡し、あわただしく境内の掃除にとりかかりました。

こういう時は、気持ちが「みんなに申し訳ない」、「早く掃除をしなくちゃ」と焦っているため、その思いに心が占領されてしまっています。しかし、次第にその場の雰囲気にも慣れ始め、目の前の落ち葉を掃き集める作業に集中し始めると、波立つように焦っていた心は、だんだんと静けさを取り戻していきます。何かをじっと考えるでもなく、ただ竹ぼうきで落ち葉を掃き、集める時のサッサッという音を聞いているだけの状態で、時々顔を上げて掃いた箇所の確認をするという作業が続いていきます。皆、無言で、その作業は約二時間近く続きました。そんな静かな心の状態になって初めて、私はご神体からのメッセージを聞きました。

焦って、心が波立っている状態の時には、その声はまったく聞くことはできません。落ち葉を掃きながら心が静かになった時、何も考えない無心の状態になった時、ご神体からの言葉を聞き取れるのです。掃除が終わり、冷たい飲み物を飲みながら談笑をしている時、私はそのメッセージをメンバーに伝えました。

この無心で掃除をするという状態は、瞑想をしていることと同じです。無心という状態は、心を開放させることになるのです。日々、忙しく活動する私達は、なかなか無心という状況はつくりにくいものです。電車に乗ってボーッとしていても、その中で何か考えているると思います。雑念を追っていることも多いでしょう。

何も考えない状態をつくり出すことは、熟睡している時以外は無理かもしれません。気になることが心を占めている時などはとても無理でしょう。そのことばかりを考えている状態は、まるで自分の心も体も鎖でがんじがらめに縛られているかのようです。そのことしか考えられない、その考え方しか浮かばない、どう考えても結論は同じになると、そのことを考えれば考えるほど、ますますそのことしか考えられないという状況に陥っていきます。この状況が続けば体も硬くなり、肩こりや首こりに悩まされるかもしれません。

そんな時、心身ともに開放される瞑想をおすすめしたいのですが、静かに座して目を閉じると、そのことが浮かんでくる、それを払おうとすればするほど、そのことにますますとらわれてしまうという悪循環に陥りやすいので、私は、同様の効果を得られるものとして、家事をおすすめします。

冒頭の私の例のように、掃除をすれば、はじめはいろいろと考えていても、やがて目の前のごみやほこりに集中するようになります。掃除機をかければ、掃除機の音を聞きながら、目はただ掃除機の先を見つめています。皿洗いをすれば、洗剤をつけたスポンジが汚れを次々と落としていき、水はきれいに泡を落としていきます。草取りをすれば、目の前にある雑草を根こそぎ抜いていくことだけに集中できます。そんな時、何も考えていません。

ただ目の前の仕事を黙々と続けているだけです。しかし、その作業によって、ある考えに縛られていた頭と心は、開放を与えられます。頭と心が開放されれば、他の考え方を受け入れる余裕が生まれます。それは煮詰まってしまい、固まってしまった思考回路に新たな回路が合体するという展開を生むかもしれません。それが「ひらめき」というものでしょう。

心配事がある時、とても気になることが頭から離れない時にこそ瞑想は有効なのですが、家事に没頭することは、それと同じ効果を得られるのです。家事に没頭することで、凝り固まった頭、体、心を開放できます。肩こりや首こりも緩和されるでしょう。

休みの日、日ごろ手をかけられない風呂掃除や、本棚の整理、靴みがきなどに集中してみてはいかがでしょう。それを終えた時、達成感がみなぎります。同時に心と体は開放されますので、これまで受け入れることができなかった新たなユニークな考えがポッと頭に浮かぶかもしれません。あなたへのメッセージが、やっと受け取ってくれるのねと押し寄せてくるかもしれません。

# 笑いはゆるし

以前、ある方の亡くなられた身内が、その方に伝えたいことがあり、私を媒体として使われたことがありました。その故人は、その方にメッセージを伝えた後、私にも話をしてくれました。それは私に、「生前、もっと笑えばよかった」と語られたのです。その言葉には「生きている時にもっと笑っていれば、もう少し長生きできたかもしれない」というニュアンスが含まれていました。その方の一生は自己にも他者にも厳しいもので、写真も、口を真一文字に結んだ硬い表情をされているものが多かったようです。

今晩、私は入浴中に、その方がなぜ生前もっと笑えばよかったと私に語られたのかと、ふと考えました。すると、そこには「ゆるし」という言葉が表裏一体であると感じられたのです。つまり、もっと笑えばよかったというのは、もっとゆるせばよかったという意味を示していたのです。

そのゆるしとは、「許し」、「赦し」です。その方のゆるしとは、自分を許すこと、自分と深く関わった人を赦すことを指しているようです。この答えを得て、私は一気に謎が解けたような達成感を味わい、その方をとても身近に感じました。

笑いは、「笑う門には福来たる」といって、笑うことと幸運が密接な関係にあることや、笑えば病気も治るとも聞いたことがあります。その理由は、笑いとは、ゆるしだからなのですね。そう思うと、とても納得できます。

人生の大事な場面で失敗してしまったと悲嘆にくれても、その暗い顔を鏡に映して「仕方ないね」と声をかけてあげて、ちょっと笑ってみる、すると、幾分気分はやわらいできます。それを繰り返すと、だんだんその暗さは薄らいでいくでしょう。自己反省がきつくて、なかなか理想の自分になれなくていらだっている時、「でも、結構がんばってるじゃない」と声をかけてニコッとすると、そのイライラはおとなしくなってきます。それらは自分を許すことです。自分の心に癒しと余裕を与えてあげられる笑いであり、許しなのです。

人を恨んでいる時、笑うことはできません。気に入らない人のことを考えている時も笑い顔にはなりません。その状態は、自分の心も硬くし、体も緊張し、それが続けば病を引き込んでしまうかもしれません。そんな時、無理にでもちょっと笑ってみましょう。すると、笑いの大きさに反比例して心を占領していた憎いあの人は、どんどん小さくなっていきます。それが赦しです。

許しも赦しも、心の自由を手に入れることにつながります。心の自由とは、人生のさまざまな場面で発生しやすい執着を手放すことです。執着を手放せたら、私たちは人生を楽に歩いていくことができます。よく笑う人は執着しません。すると、いつも心も体もリラックスしていますので、病気にもかかりにくいのです。つらい時、悲しい時、苦しい時、笑ってみましょう。とにかく、とりあえず笑いましょう。笑えば、人生、仕切り直しができます。

こんなステキなメッセージを、その故人は、今を生きる私に与えてくださいました。私は彼女に満面の笑顔で「ありがとうございます」と言いました。そして、先人の愛とやさしさに満ちたこのメッセージをみなさんにお伝えします。

# 罪の意識を持ってしまったら

私たちが罪の意識を持つ時、それは、世の中の不文律を犯した時でしょう。そのレベルはいろいろとありますが、私が受けたご相談では、「中絶」と「不倫」が挙げられます。女性のご相談が男性よりも多いこともあって中絶を経験した方が、その苦悩を吐露されるという場合があります。結婚前に妊娠してしまった、結婚後望まない妊娠をしてしまい、やむなく堕ろしてしまったなど、それを経験された方々は、いつまでもそれを暗い記憶として胸にとどめています。中には、水子のたたりを恐れて相談される方もいます。

確かに、このような経験は心を明るくするものではないでしょう。悪いことをしてしまったという罪悪感を持ってしまうのも当然でしょう。しかし、延々とその感情を引きずるのは良いことではありません。

そういった方々へのお答えとして、「堕ろした子どもの魂は、そのことを最初から分かっていました。だから、これまであなたは十分に苦しんできたのだから、もうこのあたりで自分を許していいのですよ」というのが多いのです。罪深いことをしてしまったという暗《あん》澹《たん》たる思いで自分を縛ってきた方々は、この言葉を聞くと、涙ぐまれ、やがて、どこかすっきりとした表情に変わっていきます。

大切なのは、中絶という手痛い経験をどうしてすることになったのか、そしてその経験で感じたことは何かということに焦点を当てることです。その経験で、ご本人が感じることは山ほどあるはずです。

そのことから、相手との仲は変化したでしょう。それは、相手との別れになったかもしれませんし、逆に相手との親密さを増す結果になったかもしれません。また、今の生活を省みるきっかけにもなったでしょう。それらを素直に認めて、すべてを受け入れる自分になることが大切なのです。そして、いつまでもそこにとどまっていないで、また自分の人生を歩き始めることが望まれます。

その苦しい経験から、あらためて自分の人生を自らの手で紡ぎ出していく決意をし、実行へと動くことができたら、それこそが大きな学びを得たことになり、良心の呵責《かしゃく》への供養となるでしょう。

もちろん罪の意識を持たない安易な考えは、結局は自分の肉体へのいたわりを欠くこととなり、自主的に生きることから乖離《かいり》していきますので、お勧めはできません。

「不倫」も同様です。その経験からご自身が何をどう感じるかが最も大切です。その感じたことから、新たな行動を起こすことに意義があるのです。

世の中で、してはならないと暗黙の了解になっていることを、あえて破ってしまうことに意味があります。決して忘れることができない鮮烈な経験であるからこそ、気づきや学びが大きいといえます。深い反省や後悔の次には、「この経験から何を学ぶのだろう」、「何を感じるのだろう」、「これからどう生きていけばよいのだろう」と、静かに自分に問うてみてください。そして、そこから導き出された答えを素直に認め、受け入れてください。それがご自身への許しとなります。そして、力強く、明日への一歩を踏み出してください。

## 過去生を知る

これまでチャネリングでさまざまなご質問を受けてきましたが、ご自分の過去生を知りたいというリクエストは減ることはありません。

私は、チャネリングをする時は目を閉じます。その状態でご相談者の声を聞いていると、どんどん言葉が浮かんできますので、それをすべてその方にお伝えしていきます。しかし、過去生に関しては、それとは異なる感じ方をします。ご相談者の声を聞いていると、映像が見えてくるのです。それを忠実に私の言葉を使って再現していきます。

見えてきた映像をお話ししながら、その時の主人公の気持ち、感情、また、その人生を終えた時に何を感じ、気づいたのか、学んだのかもお伝えしています。むしろ私は、その時代に何をしていたかということより、そこに生きて、何を感じ、気づき、学んだかを伝えることに力点を置いています。それは、今の人生に影響を与えている大切な過去生であるから、そこでの気づきや学びは、今生を築いていくにあたって大きなヒントを与えてくれると実感しているからです。

今、悩んでいることとの原因は、その過去生の自分の感情にあった、などと気づくことで、今生を歩む理由に深い納得をもたらせてくれます。そこに過去生を知る意味があります。

これは、自分の経験から学んだことでした。日頃、人様のご相談にのっていても、自分自身に関しては、よく分からないものです。そこで私もチャネラーさんを訪ね、メッセージをいただくことをたまにします。そこで、あるチャネラーさんに気になっていた人との過去生での因縁を聞いてみたのですが、ただ、過去の人生での関係を話していただいただけにとどまりました。すると、「はあ、そうですか…」という言葉しか出てきませんでした。

どうして今、その人と知り合ったのか、その意味を知りたいという欲求があったのですが、ただ互いに絡んだ過去生を教えてもらっても、それは満たされませんでした。そこでやはり、過去で何をしていたかより、そこで何を感じ、何を学んだかのほうが大切なのだなと実感したのです。

私が過去生を見る時、はじめは見えてきた映像を注意深く観察し、それを忠実に私の言葉で再現していきます。次に主人公の心の声に耳をすまします。そして、聞こえてきた内容をそっくりお伝えするようにしています。そのため、かなりの集中力を要します。が、これも私の仕事ですので、日々クリアなチャネルに徹する努力を重ねています。

私たち一人ひとりの人生は、すべてが尊いのですから、どの過去生が素晴らしくて、どの過去生がそうじゃないといった比較は無用です。すべての過去生そのものが尊いのです。しかし、多くの方々とお会いして、そのリクエストにお応えしているうちに、深く印象に残る過去生を見せていただくことはあります。

例示すると、「肉体のカルマ」に関する過去生です。今生で、わざわざ肉体に傷をつけて生まれてきたり、疾患を持って生まれる方は、それにまつわる過去生をくっきりと見せてくれます。

私の夫は足に大きなあざが二つあります。これは紀元前の中東で、その足に焼きゴテをあてられるという拷問を受けた痕でした。息子はアトピー性皮膚炎なのですが、それは中世ヨーロッパで魔女狩りに遭い、火あぶりの刑に処された痕跡でした。ふたりは今の人生で、その体の特徴をしっかりと浮き立たせているわけですが、そこに今生を歩む目的をはっきりと刻印しているといえます。

また、親の虐待を受けるといった過酷な人生を歩んでこられた方も、その過去生をしっかりと見せてくれます。ある方は、そばに別のもう一人の人間が寄り添っていました。それは、その人の過去生での姿でした。それほど強力な過去生があるということは、それだけ今生での学びも深いといえるのでしょう。

今生を歩んでいくために、過去の人生での生き様を知ることは有意義だと思います。そこでどんなことをしていたのかにも興味はあると思いますが、一歩進めて、その人生で何を感じ何を学んだかに注目すると、今の人生の目的や課題の輪郭がはっきりとしてくるでしょう。そして、それを知ることで今生をイキイキと築いていくことができます。

過去生を知ることは、過去の私から渡される魂のバトンを、今の私がしっかりと受け取ることを意味します。

## Ｏｎｌｙ　ｏｎｅの重さ

私が子どもを産んだ時に味わった感情の中に、「地球上の人口を一人増やしてしまった」というのがありました。そこには、われながらすごいことをしてしまったという気持ちと、とても誇らしい気持ちが含まれていました。そして、今まで特に意識しなかった「人ひとりの重さ」という言葉も感じたのです。そうして私の二人の子どもたちも、めでたく地球人の仲間に入れていただきました。

すべての人間は、誕生を通して、めでたく地球にやってきます。そして成長し、大人になっていきます。

人ひとりの重さを皆が携えてこの地球にやってくるのに、私たちは成長するにしたがって、なぜかその重さを忘れていくように感じませんか。一人ひとりの重さは、間違いなく尊い重さなのに、大人になるにしたがって、自分のことを「どうせ私なんか……」と、投げやりになったりします。その言葉を口にした瞬間に、その重さはぐんぐん軽くなってしまうように思います。本当は、そんな軽い私ではないはずなのに。

でも、今、自分の重さが実感できない、どうしようもなく先行きに不安を感じている、せっかくこの地球に生まれてきたのに、自分の使命がつかめなくて苦しんでいる、そんな人は多いのかもしれません。どうすれば、自分の重さを実感できるのでしょう。

私は、その問いに「自分の良いところを限りなく認識し、それを生かす方法を考えること」と答えたいと思います。人間には、長所と短所がありますが、自分の重さを実感するには、長所だけにしっかりと目を向けることです。自分の長所だと思うことを、また人からほめてもらったことを一つずつ挙げていきましょう。例えば、「やさしい」、「明るい」、「面倒見がよい」、「しっかりしている」、「几帳面」、「時間を守る」、「ハキハキしている」、「面白いことをよく言う」、「頭の回転がはやい」、「よく気がつく」などです。こうして挙がってきた言葉を読み上げていくと、自然に自身の存在の重みを実感していくはずです。自分がとても素晴らしい人間に思えてきます。

人生は、この長所を自覚し、伸ばす努力をしていくことで、いきいきと輝いてくるのではないでしょうか。あなたの長所は、あなたの生活のいたるところで顔を出していきたいよ、そのことに気がついてよとアピールしています。

自分をあまりほめてやらない、自分に厳しい人は、その長所の訴えを「うぬぼれ」と一喝します。しかし、長所の訴えの力も強いので、その抵抗力は不安という感覚となり、やがてそれが心を独占してしまうのです。

自分の長所は、自らが認めてやらなければ、生かすことはできません。それは、あなたの長所はあなたにしかない長所だからです。私たちは、自分の長所を見つめる、自分にやさしい目を持つことが必要です。自分を思いやる温かさを捨てないことです。そうして初めて自分の存在の重さを実感できるでしょう。自分へのいとおしさも増すでしょう。そして、その思いが原動力となって、自分の人生を力強く推し進めていくことができるでしょう。

私たち一人ひとりには、その人らしい長所が備わっている、だからこそ、私もあなたも素晴らしい人間であり、一人ひとりは重いのです。
Ｏｎｌｙ　ｏｎｅの重さなのです。

# おわりに

今、私たちに求められているのは、「自分の人生の主人公は私自身である」と、声高らかに宣言することです。

どの人も皆、自分の人生を自らの足で歩んでいくことを使命として、その命を授かりました。

生まれたてのか弱い命は、人生で最も影響を受ける両親の手で育てられていきます。人によっては、幼い時に両親と離れてしまう、どちらかの親と死に別れてしまう、あるいは、親から虐待を受けるといった不運を背負うかもしれません。しかし、当時を振り返る時、「自分の人生の主人公は私自身である」と宣言すれば、たちまちその不運は消え失せてしまいます。つまり、主人公である自分の成長のためには、その環境が最も適していたといえるのです。その中で成長することを通して、私にとって「愛」とは何かをしっかりと学ぶことができます。

大人となった私たちは、自分の才能を仕事で表現していきます。人生の主人公である私は、心がウキウキ、ワクワクする、興味を示せるものを迷わず仕事として選びます。そして、それを継続する努力をし、自分自身の天職を構築していきます。

伴侶の選択においても、相手がどのように自分を幸せにしてくれるのかと考えるのではなく、自分が相手をどのように幸せにしていくのかに注目します。そのためには、相手に自分の思いを語りかけ、相手からの思いも受け取る豊かなコミュニケーションは欠かせません。そこには、私たちの細やかな感情を語る言葉がふんだんに使われています。結婚し、やがて子どもが生まれても、親となった私たちは、見事な反面教師となって、子どもたちにそれぞれの生き様を余すことなく見せてあげます。

生きている過程では、心と体のバランスを崩すこともあります。その結果、病気になる時もあるでしょう。しかし、人生の主人公である私たちは、病気を恨まず、そこに隠されている意味を読み取る努力をするでしょう。そして、医療に自分の体をまかせっきりにするのではなく、自らが医療の方法を選択し、その力を借りて治癒に努めます。

「自分の人生の主人公は私自身である」と宣言する人は、常に自分を肯定できます。その時々の自分の決断に対して、その結果がどう出ても後悔の気持ちはありません。ゆえに、その瞬間、瞬間に集中できます。恐れや不安といった執着も持ちようがありません。

「自分の人生の主人公は私自身である」と宣言する人は、自信があります。

自分を信じることができる私は、他人との比較を必要としないので、もはや優越感や劣等感といった不気味な振動で心が揺れることはありません。

自分を肯定し、自信がある人は、自分を愛で満たせます。その愛は、常に心をリラックスさせるので、自分と同じように個性豊かな他人へ深い慈愛を渡せます。その慈愛は、自分と他人との違いをそのまま認める真の理解を生み出します。

「自分の人生の主人公は私自身である」と宣言する人は、同様に宣言する多くの他者と真の理解を通して共感し合い、幸せを分かち合います。

明日の食料を心配する必要もなく、住む所も着るものも充足している、この豊かな国に生きる私たちは、思う存分、自分の生きがいを求めて悩めます。その悩みから顔をそむけないで、その悩みにどっぷりと浸かって、そこから私らしい気づきや学びを手に入れた時、私たちは、十分に霊的な存在となっています。

霊的な存在に成長した私たちは、ますます人生を能動的に、主人公となって歩んでいきます。そこには、もはや苦しみはありません。どんな出来事に遭遇しても、それはすべて自己を成長させる喜びとして実感できるでしょう。その時、まさに「人生は喜びに満ちている」のです。

この喜びに満ちた人生を、日本人の私たちから実践していきましょう。すると全世界に、その喜びの種を届けることができます。それは人類の進化を促すこととなり、さらに疲弊している地球を救うことにもなるのです。

私に数多くの気づきと学びを与えてくださったご相談者の皆様に深く御礼を申し上げます。誠にありがとうございます。

私を支え、励ましてくれる友人にも深く感謝をいたします。本当にありがとうございます。

私のわがままを聞いてくれる、いや、聞かざるを得ない家族にも、お礼を言います。どうもありがとう。

そして、本書を世に送り出してくださった株式会社たま出版の皆様に、心から御礼を申し上げます。誠にありがとうございます。

私は、多くの方々に支えてもらいながら、この人生を主人公として生きられる幸せに感謝をし、明日からもまた、真摯《しんし》に仕事に取り組んでまいります。

潮田圭子

## 著者プロフィール

**潮田　圭子**（うしおだ　けいこ）

1961年生まれ
有限会社T＆Kオフィス　取締役
マーケティング・リサーチ会社で、営業、調査の計画、実施、報告を担当。その後、メガネ製造会社に勤務し、全国の眼鏡店において顧客対応、ならびに眼鏡店対象のファッションセミナー講師を務める。出産後は携帯電話会社カスタマーサービス部門での顧客対応、資格取得予備校でCS調査の実施等を経験した。
現在は、主婦、中学生と小学生の２人の子どもの母親、そして夫とともにメンタル・ヘルスの推進を目的とした会社を設立し、チャネリングを通して人々のさまざまな人生相談を受けている。

ホームページアドレス
http://www.tk-office.co.jp



**人生は喜びに満ちている**　幸せをつかむ50のヒント

2006年５月12日　初版第１刷発行

著　者　潮田　圭子
発行者　韮澤 潤一郎
発行所　株式会社たま出版
〒160-0004　東京都新宿区四谷4－28－20
☎03-5369-3051（代表）
http://tamabook.com
振替　00130-5-94804

印刷所　神谷印刷株式会社




ISBN4-8127-0208-9 C0011